浙江省普通高校“十三五”新形态教材
中国特色高水平高职学校建设系列成果
浙江省特色专业（农村金融）建设成果
高职高专金融类“十四五”规划系列教材

商业银行网点经营管理

（第二版）

（工作手册式）

SHANGYE YINHANG WANGDIAN JINGYING GUANLI

主编　王德英

中国金融出版社

责任编辑：王　君
责任校对：潘　洁
责任印制：丁淮宾

图书在版编目（CIP）数据

商业银行网点经营管理/王德英主编．—2 版．—北京：中国金融出版社，2022.9
高职高专金融类“十四五”规划系列教材
ISBN 978－7－5220－1729－7

Ⅰ.①商…　Ⅱ.①王…　Ⅲ.①商业银行—银行管理—高等职业教育—教材
Ⅳ.①F830.33

中国版本图书馆 CIP 数据核字（2022）第 148344 号

商业银行网点经营管理（第二版）
SHANGYE YINHANG WANGDIAN JINGYING GUANLI（DI－ER BAN）
出版
发行　中国金融出版社
社址　北京市丰台区益泽路 2 号
市场开发部　(010)66024766，63805472，63439533（传真）
网 上 书 店　www.cfph.cn
(010)66024766，63372837（传真）
读者服务部　(010)66070833，62568380
邮编　100071
经销　新华书店
印刷　河北松源印刷有限公司
尺寸　185 毫米×260 毫米
印张　9.5
字数　211 千
版次　2018 年 9 月第 1 版　2022 年 9 月第 2 版
印次　2022 年 9 月第 1 次印刷
定价　39.00 元
ISBN 978－7－5220－1729－7

第二版前言

银行的产生与形成有悠久的历史，无论是早期的货币兑换商，还是现代商业银行，都具有物理渠道的功能。有人曾经预测，随着渠道的多元化，商业银行的网点会消失。但是，正如我们所看到的，网点并没有消失，依然在办理业务、服务客户的过程中发挥着举足轻重的作用。

我们身边常常会出现这样的情况：一家规模很小的店铺，看似不起眼，却总是宾客盈门，回头客还特别多。究其原因，就是有特色的产品和人性化、个性化的经营管理策略。特别是在产品同质化的当下，客户在购买产品的同时，更加重视购买过程中的“体验”——这是品牌的立足点和巩固力量。

银行也不例外。网点数量众多，曾经是我国银行业引以为豪并认为可以与外资金融机构对抗的一项重要资本。但发展到今天，大家突然发现并非如此。一方面，“银行排队问题”备受关注，让人头痛的银行排队问题多年得不到解决，也反映出国内银行服务质量的薄弱。另一方面，电子化的沟通和支付手段削弱了物理网点的优势，营业网点服务的客户以不会使用智能手机和电脑的老年人居多。因此，在实践中，针对营业网点的改革和改造也一直贯穿于我国整个银行业的改革浪潮之中。银行网点撤并，银行网点形象工程建设，银行网点功能分区改造，银行网点流程再造……以最大限度地发挥银行网点的功能和效用，充分体现“以客户体验为中心，以市场需求为导向”的银行经营理念。

本书从了解身边的银行网点、银行网点构建、银行网点常规管理、银行网点效能提升四个部分全面解构银行网点经营管理的理论和运作方法，以达到充分认识银行网点的目的。本书的第一部分介绍了银行网点的类型、功能分区和常见服务设施，指出了随着金融科技的发展以及金融脱媒的加剧，银行网点的形式也在不断发生变化。本书的第二部分从银行网点的选址、岗位设置和品牌塑造三个方面介绍了银行网点的构建。选址不准确，岗位设置不完善，品牌建设不到位，都会从根本上影响银行网点的效能和效率。本书的第三部分对银行网点常规管理进行研究，着重讲授日常管理和各个岗位的行为管理。熟悉了银行网点，强化了网点的建设和常规管理，是不是就能让客户百分之百满意？是不是就能获得很高的经营业绩？是不是就能取得很好的效能呢？不见得。本书的第四部分则从银行网点的动线布局管理、服务管理、营销管理等方面为读者解答这方面的疑惑。

本书以实用为主要目标，不仅有丰富的案例加以佐证，而且在每一项目都精选典型事例进行分析和评价，同时安排了实践·思考·讨论题，让学生通过案例及实践·思考·讨论题加深理解，巩固所学内容。

本书力求突出以下特点：

（1）体系结构清晰，顺序安排合理，具有较强的逻辑性和系统性。

（2）实务与理论相结合，实用性、针对性强，通过大量银行网点经营管理的实践资料和案例阐述知识要点。

（3）内容资料新颖、翔实，紧跟当前国内外银行网点发展实际，并对我国银行网点的业务创新和改革进行及时跟踪。

（4）信息技术与课程教学深度融合，通过二维码等形式展现教学素材、教学案例、微课、试题题库、活动案例等教育资源。

本书写作大纲的提出基于作者多年从事的商业银行理论和实践研究，为使大纲更加完善，特请商业银行一线业务骨干参与论证。在本书编写过程中，参考了大量论文、论著和网络资源，吸收了其中一些研究成果，在此深表感激！本书的编写出版得到了浙江金融职业学院和中国金融出版社的大力支持，在此表示诚挚的感谢！

本书可供“以培养银行基层一线员工为目标”的高职院校、高等专科学校、成人高校相关专业教学使用，银行基层一线员工也可参阅。

最后，由于编者水平有限，银行网点经营模式也在日益完善和演进，本书疏漏之处在所难免，敬请读者批评指正。

编者

2022 年 6 月

目录

1 项目一　了解身边的银行网点

在经济环境、科技及顾客行为变革的驱动下，商业银行网点也处于变革之中，网点的类型、功能分区、服务设施等不断更新变化，网点管理的技术与重点也有所不同。因此，学习商业银行网点经营管理，首先要从了解身边的银行网点开始。

模块一　银行网点类型

【主要内容及学习目标】

本模块主要介绍银行网点的概念、分类、功能分区和服务设施，通过本模块的学习，要求学生掌握以下几个方面的目标能力：

1. 了解银行网点的概念；
2. 掌握银行网点分类的主要方式；
3. 掌握不同类型银行网点之间的差异。

任务一　银行网点的概念

银行网点就是银行对外营业的地方，简单来说就是银行的营业厅。按照 2002 年 2 月人民银行发布的《商业银行设立同城营业网点管理办法》规定，“同城营业网点”是指商业银行在中国境内同一城市行政区划内设立的分行以下（不含分行）提供金融服务的营业性支行、自助银行设施。2016 年 6 月 1 日实施的《银行营业网点服务基本要求》（GB/T 32320—2015）规定，银行营业网点是指由监管部门认可并颁发金融许可证和营业执照、面向社会提供银行金融服务的独立营业场所。

延伸阅读：《银行营业网点服务基本要求》（GB/T 32320—2015）节选

上述银行网点的概念是指有固定的办公地址、营业大厅、视觉效果明显的非移动网点。由于互联网技术的发展，金融市场已不再仅仅依靠浅层次的竞争，商业银行需要进行不断的创新。线上营业不受场地限制，又能节约大量的网点运行成本，从根本上增强商业银行的竞争优势。如以微众银行、网商银行为代表的互联网银行，与传统商业银行大量铺设线下网点的路径不同，互联网银行不开设物理网点，不发行实体卡片，所有操作均可以在移动端 App 完成，通过移动互联网、大数据分析等技术达到提升运营效率、降低成本的效果。

任务二　银行网点的主要类别

依据不同的分类依据，可以把银行网点分为不同的类别，目前主要的分类形式有以下几种：

（一）依据有无固定营业场所划分

网点可以分为两类：物理网点和虚拟网点。

1. 物理网点指散布于城乡大街小巷、有固定经营场所、主要通过银行柜员（自助设备）为客户提供面对面服务的标准化的支行、分理处、储蓄所等实体网点。它是银行面向全体客户提供的、进入门槛最低的服务平台。

2. 虚拟网点主要指利用网络及通信技术搭建的金融服务平台，包括网上银行、电话银行、手机银行、转账电话、直销银行等。它依托电脑、电话、数字电视等电子设备，通过登录银行网站、拨打客服电话等方式为客户提供账户查询、转账、理财等服务，除了存取现金无法实现之外，其他大部分银行服务都可以通过虚拟网点完成。

视频：网上银行　　视频：电话银行　　视频：手机银行

（二）依据客户层次划分

网点通常可划分为零售银行网点、消费者银行网点、贵宾理财网点、私人银行网点等类型。

延伸阅读：零售银行

1. 零售银行网点一般是指主要面向普通个人、家庭、中小企业提供金融服务的网点。

2. 消费者银行网点一般是直接向个人提供金融服务的网点，这里的服务主要包括存款、支票、账户支付等业务。

3. 贵宾理财网点是指营业网点有部分或全部的特色区域，专门向中等收入以上的个人和企业提供金融服务的网点，服务主要包括为存款或贷款达到规定标准的客户提供个性化金融服务，目的是通过银行的专业理财优势，帮助客户获得资产增值。贵宾理财网点强调客户的隐私权和舒适方便的感觉（图 1. 1 为交通银行某网点的贵宾理财室）。

图 1. 1　交通银行某网点的贵宾理财室

4. 私人银行网点一般是为拥有大额资产的个人所提供的金融服务。私人银行网点面向的客户主要是拥有高资产净值和高收入的富豪，目的是方便客户合理避税、全球投资或继承等财产处置，侧重于财富本身的安全性。（图 1. 2 为瑞士银行某私人银行网点）。

图 1. 2　瑞士银行某私人银行网点

（三）依据网点自助化程度划分

网点可划分为无人网点、人工网点、复合型网点。

1. 无人网点是将各种类型的自助服务设备放在一起，成为一个提供 24 小时服务的纯自助化网点。无人网点最早由瑞士联合银行（UBS）进行实验，随后在欧洲和美国推广。在无人网点的前台大厅中，设立现金交易区和非现金交易区，通过安装不同的金融电子设备，如多功能 ATM、兑换机、查询终端等，向客户提供不同的服务。在后台设立服务中心和呼叫中心，以随时响应来自前台的特殊要求。

延伸阅读：瑞士私人银行何去何从?

2. 人工网点是所有的服务主要由银行员工提供。

3. 复合型网点则是人工服务和自助服务相结合的网点（图 1. 3 为中国邮政储蓄银行某复合型网点）。

图 1. 3　中国邮政储蓄银行某复合型网点

（四）依据网点功能配置划分

网点可以划分为全功能网点、专业性网点和社区网点。

1. 全功能网点：根据经营资源和地理位置经营所有银行业务，为客户提供全面的金融服务，属于功能最为齐全、完备的经营网点。

2. 专业性网点：这类网点与全功能网点的不同在于，主要专注于某一类客户群，或某一产品系列，或只服务于某一特定范围的银行市场。

3. 社区网点：这类网点是开展零售银行业务的主体市场，是以本地或社区的市场和客户为主。

（五）依据网点服务战略划分

网点可以划分为产品中心主义网点和客户中心主义网点。

1. 产品中心主义网点是指为了尽可能向客户提供便利而大力发展自己的营业网点。这类网点基本上为客户提供的是标准化的一揽子产品。银行先设计出产品，然后将这些产品营销给客户，它的服务对象是群体非常庞大的普通客户。

2. 客户中心主义网点注重尽可能满足客户的所有金融需求。所以，它不是先设计出产品再营销，而是先了解客户独特的金融需求，再设法为其量身定做金融产品。其服务对象不是数量众多的普通客户，而是数量很少、交易额很大的高端客户。

微课：营业网点的分类

任务三　国内外银行网点的创新模式

国内外许多银行都开始探讨、试验网点的新概念与更新网点设计、设备和人员安排，将网点从处理基本业务到调整为主要从事其他渠道无法替代的复杂、高附加值的业务，从而提高分销渠道的竞争力和效率。这期间，发展出了多种新型的业态渠道，如超市银行网点、咖啡厅银行网点、艺术展览厅银行网点、概念银行网点等，下文择要介绍。

延伸阅读：银行网点转型　路在何方?

1. 超市银行网点。由于超市和百货商店的人群密集、流动量大，成本比传统网点低，方便接触客户，能更快实现盈利。澳大利亚、英国、美国普遍设立了超市银行。其中百货公司高档的环境更适合银行做金融休息室并提供高价值的投资产品和其他咨询服务，因为来这里购物的人们有充足的时间，而且会有更多的高净值客户。

例如，英国著名保险公司英国法通保险公司（Legal & General）、巴克莱银行、英国联合莱斯特银行（Alliance & Leicester）联合起来在网点出售各种金融产品，还通过超市集团 Sainsbury 的店铺向 1100 万名常来客户提供金融产品。图 1.4 为英国某超市银行网点。

延伸阅读：银行里面开超市精准获客有成效

2. 咖啡厅银行网点。为了给客户带来随意舒适的感觉、延长客户在银行网点的停留时间，一些银行将网点设成了咖啡厅的形式。大多数银行还选择与成熟品牌合作来吸引客户和潜在客户。其中星巴克咖啡厅（在世界各地有 7000 多家连锁店）的吸引力最大，邀请星巴

图 1.4　英国某超市银行网点

克加盟的美国大银行有富国银行、Charter One 以及里格斯银行（Riggs Bank V. A）。

部分银行自己经营咖啡厅，如华盛顿互惠银行开设了咖啡厅风格的分行。美国第一资本银行（Capital One）也采取了这样的方式在美国进行扩张，在能带来最大收益且成本较低的地方，开办低成本的连锁咖啡馆。图 1.5 为美国第一资本银行咖啡馆银行网点。

图 1.5　美国第一资本银行咖啡馆银行网点

3. 艺术展览厅银行网点。这种网点通常以艺术展览的方式营业，展览从世界各国收集来的艺术品，其定位目标客户为高端客户。一般这种形式的银行成本比较高。

纽约的帕克大街是银行竞争最激烈的地方之一。为了有别于其他竞争者，纽约银行将艺术展览设在银行网点中，吸引艺术爱好者走进它在曼哈顿的第一个营业网点。这个艺术展览展示了从世界各国收集来的艺术品，每个展览持续 6 ~ 8 周，办这个展览的目的是吸引更多的高消费层次的客户。展览和银行的主要办公区

延伸阅读：
银行网点的未来会是咖啡馆吗？

域用玻璃门隔开，只要网点营业，展览就会进行，而且不用门票。

4. 概念银行网点。新加坡华侨银行在几所大学校园内或附近设立了 Frank by OCBC 网点，借鉴苹果体验店的成功模式，将网点打造成一个概念化零售店（各网点的名称也是“store”，而非 branch），客户可自由浏览、触摸和体验各种银行产品，咨询和讨论相关问题，以此突破了“模仿经济”的重围，吸引了众多年轻客户的目光。图 1.6 为华侨银行概念零售店。

图 1.6　华侨银行概念零售店

国内众多银行一直在进行银行网点创新的探索与实践，例如，平安银行启动了社区金融业务，将社区支行打造成新型零售银行网点；北京银行推出了“迷你银行”，“迷你银行”内设有远程视频柜员机（VTM）、互动智能理财终端、信用卡积分兑礼机等多款智能机具，并配备手机银行与电子银行体验区；中信银行推出了“小规模银行”，将综合网点的面积从以前的 1000～1500 平方米下调至 500～800 平方米；工商银行的智慧银行、建设银行的“无人银行”通过充分运用生物识别、语音识别、数据挖掘等最新金融智能科技成果，为客户呈现了一个以智慧、共享、体验、创新为特点的全自助智能服务平台。图 1.7 为建设银行无人银行网点。

图 1.7　建设银行无人银行网点

延伸阅读：工行智慧银行网点　科技无处不在

微课：智能网点

微课：银行网点的创新模式

测验 1：银行网点类型

模块二　银行网点功能分区

【主要内容及学习目标】

本模块主要介绍银行网点功能分区的原则和分区模块，通过本模块的学习，要求学生掌握以下几个方面的目标能力：

1. 了解银行网点的分区原则；
2. 掌握银行网点的主要分区模块；
3. 掌握银行网点各区域的主要功能。

任务一　银行网点功能分区原则

微课：银行网点功能定位

网点内部功能分区应该体现“以客户为中心”的理念，合理分配员工办公区和客户服务区的面积，客户服务区面积应占有较大比重，办公区域的视觉形象应与客户服务区总体上保持一致。网点可以根据实际情况和业务需要进行区域划分（图 1.8 为某银行网点的分区示意图），但一般应遵循以下原则。

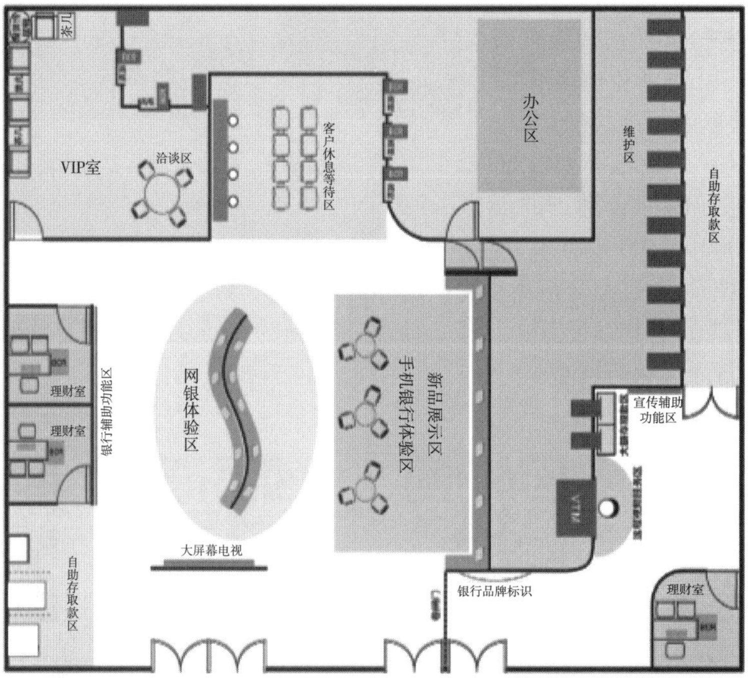

图 1.8　某银行网点分区示意图

（1）配合业务发展策略，设立引导区，突出自助服务区、开放式柜台及个人理财中心；

（2）引导区设在入口处一侧，方便客户，利于疏导；

（3）自助银行应临街设置，并直接与大堂相通，夜间通过卷闸门实现分割；

（4）开放式柜台与封闭式柜台应相邻设置，以方便业务操作；

（5）个人理财中心位置应尽量考虑私密性，且方便重要客户进出。

当然，不同类型网点因功能设计不同，功能分区也存在较大差异。图 1.9 为某智能网点布局示意图。

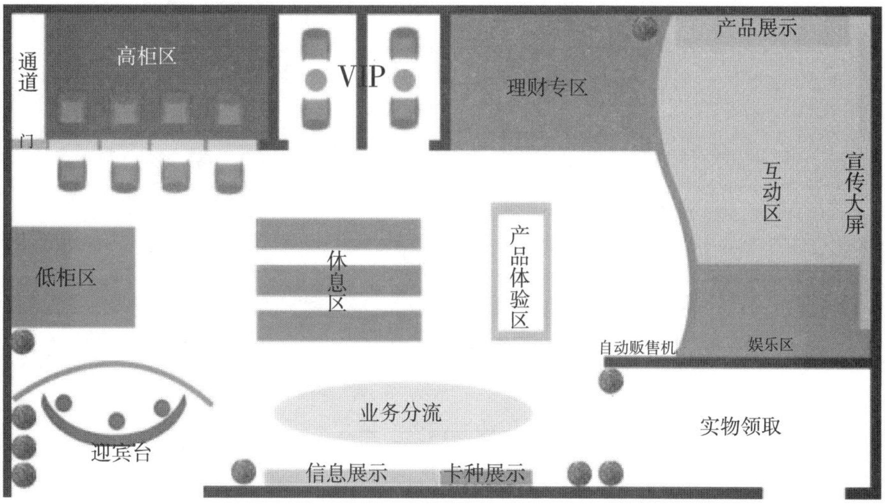

图 1.9　某智能网点布局示意图

任务二　银行网点功能区介绍

1. 引导区。引导区通常设在银行网点入口附近，客户在此由大堂经理指引进行取号，然后分流到不同的区域办理业务（图 1.10 为网点引导区）。

2. 等候区。等候区是为客户提供填写单据、整理材料的场所；为暂时不能办理业务的客户提供休息等候的场所；同时提供电视、报纸、宣传材料等让客户阅览（图 1.11 为网点等候区）。

微课：银行网点功能分区

等候区主要包括等候椅、填单台和营销宣传设施。有条件的网点，还应利用墙面和柱面设置营销宣传设施，具体应按照营销宣传系统的规定执行。等候区有两种等候方式：使用叫号机，配以等候椅；或者设置一米线排队等候。

3. 贵宾接待区。贵宾接待区作为高端客户的接待区，提供更为舒适的等候环境，如为客户提供沙发并有咖啡、饮料和茶水供应，并配有相关的客户经理为其提供服务（见图 1.12）。

4. 现金业务区。现金业务区又称高柜或者封闭式柜台区，用防弹玻璃将客户和柜员隔离开来，通过封闭式柜台办理现金业务和其他业务。现金业务区有密码器、麦克风和

图 1.10　网点引导区

图 1.11　网点等候区

客户用笔等设施，应保持整洁美观和正常使用（见图 1.13）。

5. 非现金业务区。非现金业务区又称低柜或者开放式柜台区，柜员使用开放式柜台办理客户的公司业务、信贷、中间业务等不涉及现金交易的业务。开放式柜台区一般与

图 1.12　网点贵宾接待区

图 1.13　网点现金业务区

封闭式柜台区紧密衔接，以方便业务操作（见图 1.14）。

6. 个人理财中心区。个人理财中心区为高净值客户提供全方位金融服务，内部设置接待台、等候区、电子银行区和客户经理室等，且应与封闭式柜台相连。陈设布置应温馨、美观、大方，可为高净值客户提供更舒适的等候环境，如为客户提供沙发并有咖啡、饮料、茶水和点心供应，并配有相关的客户经理为其提供专门服务。规模较小，不具备开设个人理财中心的网点，一般会设置与封闭式柜台相连的理财室；不能设立理财室的网点，会设立个人理财窗口（见图 1.15）。

7. 自助银行区。自助银行区内可设置自动取款机、存取款一体机、多功能自助终端、多媒体查询机等自助机具；配置银行客服专线电话，提供电话银行服务。机具之间设置隔板，以增加私密性（见图 1.16）。

图 1.14　网点非现金业务区

图 1.15　网点个人理财中心区

图 1.16　网点自助银行区

测验 2：银行网点功能分区

模块三　银行网点服务设施

【主要内容及学习目标】

本模块主要介绍银行网点的主要服务设施，通过本模块的学习，要求学生掌握以下几个方面的目标能力：

1. 了解银行网点的主要服务设施；
2. 掌握银行网点服务设施的主要功能。

任务一　银行网点人工服务设施

银行网点内部人工服务设施应该按照网点形象标准化统一配置，主要的服务设施如下。

1. 排队机。客户进入网点后，根据需要办理的业务在排队机屏幕上点一下需要办理的那一项业务（一般分为个人业务、基金理财、公司业务等），排队机就会发给客户一个编号，银行柜台人员会根据客户取号先后顺序进行叫号办理。这种排队叫号机避免了客户在柜台前的拥挤，不用担心在输入密码时被后面排队的人看到（见图 1. 17）。

图 1. 17　排队机

2. 大堂经理台（见图 1. 18）。

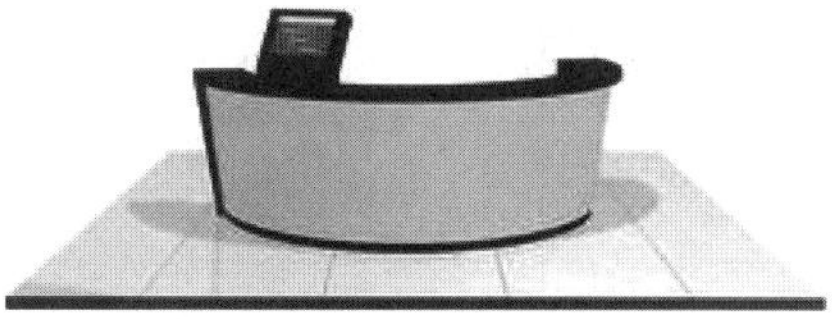

图 1. 18　大堂经理台

3. 开放式柜台（见图 1. 19）。

图 1. 19　开放式柜台

4. 封闭式柜台（见图 1. 20）。

图 1. 20　封闭式柜台

5. 填单台（见图 1. 21）。

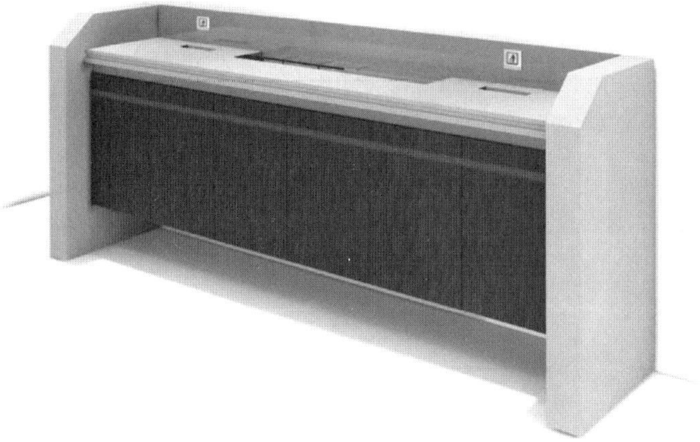

图 1. 21　填单台

任务二　银行网点自助服务设施

银行网点自助服务设施主要指现金交易设施和非现金交易设施。

现金交易设施包括：自动存款机、自动取款机、存取款一体机、外币兑换机、找零机、夜间金库或组合上述功能的设施等。

非现金交易设施包括：自助式结单打印机、多媒体查询终端、存折补登机、智能发卡机、超级柜员机等。

1. 自动取款机。自动取款机就是常说的 ATM，是最普遍的银行自助服务设施，主要的功能就是提供基本的银行服务，即出钞交易；也可以进行账户查询、密码修改等业务。在有不同配件的情况下，ATM 具有结单打印、存折打印、存折补登等功能。ATM 的取款现钞多为 50 元及 100 元两种，部分零钱 ATM 可取 1 元、5 元、10 元、20 元的零钱或硬币（见图 1.22）。

微课：银行网点自助服务设施

根据自动取款机的设置方式以及功能配置，既有穿墙式又有大堂式，既有在本网点安装的“附行式”，又有借地生根的“离行式”。

2. 自动存款机（CDM）。自动存款机能实时将客户的现金存入账户，这种功能其实就是自动取款的反向操作。在存款过程中，自动存款机能自动识别面值并判断真伪。客户存款能实时入账，并可以马上查询到交易处理结果，不必担心交易过程中出现意外问题。自助存款时，要将人民币放平，不能有严重的褶皱、破损、捆绑等；机器扫描钱币真伪时会需要一些时间。存款现钞仅限于人民币 50 元及 100 元两种，过于破损或者不平整的现钞可能不被接受，被机器认定的假币也会从“出钞口”退出（见图 1.23）。

图 1.22　自动取款机

图 1.23　自动存款机

3. 存取款一体机（CRS）。现金循环存取款一体机是第五代 ATM，它可实现成叠现金存款，现金存入和出钞在同一个钞箱中进行，使存入的现金能够循环使用，提高现金利用率，减少现金占用量，减少取钞补钞的维护次数，并可针对信用卡、储蓄卡、存折等用户处理所有的现金交易（见图 1.24）。

4. 外币兑换机及找零机（XDM）。在机场和商业圈的自助银行里，经常可以看到外币兑换机，其主要服务对象为外国游客和有外汇收入的居民。外币兑换机能识别多种不同的货币，一般具有存钞和取钞功能，并带有零币钞箱，在兑换过程中自动累计总数，然后按照汇率进行兑换（见图 1.25）。

5. 存折补登机。存折补登机是一种方便客户存折更新需要的自助服务终端设施。通过存折感受器和页码读取设施的配合，实现自动打印和向前、向后自动翻页。客户将存折放入补登机后，设施自动从存折上的条码和磁条中读取客户的账户信息，然后将业务

图 1.24　存取款一体机

图 1.25　外币兑换机

主机中的客户信息打印到存折上，打印结束后，设施会发出声音提示客户取走存折（见图 1.26）。

6. 自助式结单打印机（对账单打印机）。自助式结单打印机专用于各种业务信息的打印输出，可提供对账单打印，账户明细打印，各种表格、报表打印及各种银行信息打印等服务。这类设施在自助银行中起着十分重要的作用，它可以完成几乎所有与现金无关的业务（非现金交易）。典型的设施还具有信息查询、账户查询（余额、交易明细、账户明细）、利率汇率牌价查询、转账、代收代付、更改密码、挂失、个人理财服务等功能（见图 1.27）。

图 1.26　存折补登机

图 1.27　自助式结单打印机

7. 多媒体信息查询终端。多媒体信息查询终端由一台微机和多媒体组件（触摸屏、语音卡、音箱或电话、读卡器、打印机等）组成。这类设施在自助银行服务中同样起着十分重要的作用，它也可以完成几乎所有与现金无关的业务（非现金交易）。持卡人通过刷卡或人工输入账号实现信息查询、账户查询（余额、交易明细、账户明细）、利率汇率牌价查询、转账、代收代付、更改密码、挂失、个人理财、银行业务咨询等服务，具有语音提示、电子感应等功能，是银行重要的信息宣传窗口和开展非现金交易业务的主要设施（见图 1.28）。

8. 智能发卡机。智能发卡机用于分流占用柜面资源较多的新开卡、U 盾领取，以及多媒体信息查询终端所含的各类非现金业务和产品销售功能。它功能全面，客户通过多点触摸屏就可以进行各类非现金业务的快速操作，该机可满足网点的多种业务办理需求，智能发卡机在银行大堂和自助银行的运用，极大地缓解了用户排队难的问题（见图 1.29）。

图 1.28　多媒体信息查询终端

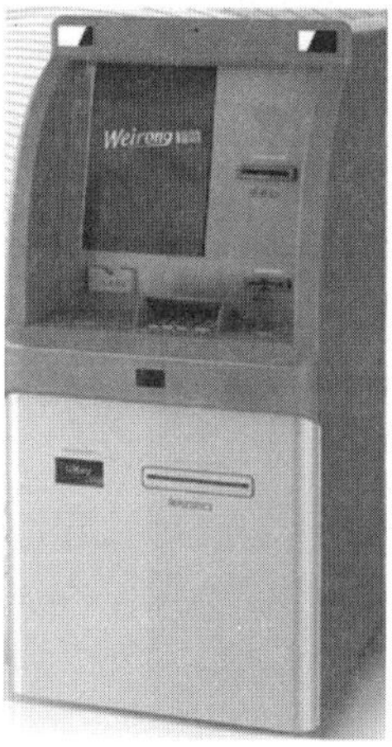

图 1.29　智能发卡机

9. 超级柜员机。超级柜员机简称 VTM，又称远程视频柜员机、虚拟柜员机、远程柜员机、视频柜员机等，是通过远程视频方式来办理一些柜台业务的机电一体化设备。超级柜员机可以办理开户、销户、激活、网银、账户查询、密码管理、挂失解挂、转账汇款（含 5 万元以上大额转账）、交易流水查询与打印、客户资料变更、投资理财、三方存管、外汇兑换、境外汇款等非现金业务。超级柜员机适用于网点到店客户办理非现金业务场景，极大地分担了柜台人工压力（见图 1.30）。

微课：VTM

图 1.30　超级柜员机

随着科技的发展，银行网点自助设备越来越丰富，新型自助设备层出不穷，在此不一一介绍。

实践·思考·讨论

实践题

1. 考察身边的银行网点，看一看都有哪些功能区。
2. 观察不同商业银行的网点，看一看它们之间的差异主要体现在哪里。
3. 考察身边的银行网点，看一看有哪些新型设备出现。

思考题

1. 不同类型网点之间的差异主要体现在哪里？
2. 科技对银行网点变化的影响主要体现在哪里？

讨论题

1. 银行网点的变化体现了金融行业怎样的发展趋势？
2. 随着科技的发展，银行物理网点会消失吗？

2 项目二　银行网点构建

网点的构建是指建设一个新的银行网点，这是一个从无到有的过程。在这个过程中，网点需要选址规划，需要设置相应的岗位，需要塑造新的品牌形象……每一个步骤都是网点安身立命的根本。

模块一　银行网点选址规划

【主要内容及学习目标】

本模块主要介绍银行网点选址的原则、方法与策略，通过本模块的学习，要求学生掌握以下几个方面的目标能力：

1. 了解银行网点选址的原则；
2. 掌握银行网点选址的方法；
3. 掌握银行网点的选址策略。

任务一　银行网点选址的基本原则

一、成本核算原则

商业银行是企业，要追求利润最大化，要满足股东、客户、员工的利益，所以必须贯彻效益优先、集约经营的原则，坚持走内涵与外延发展相结合、以内涵发展为主的道路，重点发挥现有机构的潜力，使投入产出最大化。因此，需要突出单个网点的展业能力，力争使网点具有较强的市场开拓能力，业务指标及增幅处于当地同业中的领先地位，减少网点扩展带来的成本负担。

二、整体布局原则

银行网点的整体布局必须符合全行发展战略。要选择经济较为发达、市场容量大、金融秩序好、业务发展有潜力的区域，作为网点布局的重点地区。同时要积极跟上城市发展规划的步伐，要有前瞻性。在符合城市整体规划的战略上做好网点的整体布局，按照城市经济走势和布局，努力建设综合性、多功能、科技含量高的具有竞争力的营业网点体系。

三、市场需求原则（以客户为中心）

网点的建设要围绕客户的需求，在客户需求集中的地区提供满足客户需要的网点，提供客户需要的服务。在建设中，要注重调整网点结构，提高网点综合效益，同时要把现有网点都改造成功能齐全、服务手段先进、科技含量高、内外形象一流、适应客户需要的“精品网点”。

延伸阅读：商业银行设立同城营业网点管理办法

四、符合监管政策原则

监管部门的审批原则是“合理布局，适度竞争，与当地银行业发展水平和经营状况相适应，满足当地社区对银行服务的需求”，网点的设置必须在监管部门审批原则的指导下工作；否则，得不到监管部门支持，会造成前期较多的无效工作。

任务二　银行网点选址的方法

一、定性分析方法

商业银行分支机构选址时，我们应该考虑三组可能的目标类型：理论目标（从营销理论角度分析出来的最佳目标）、社会目标（使人们在一定程度上更好理解影响银行运行的因素）和商业目标（对银行分支机构运营收益的精准预测）。

二、定量分析角度

合理设置分支机构的方法主要是依赖选点模型。选点模型的任务是预测分支机构的潜在区域和该区域的市场占有率。在银行业的实践中，重要的选址模型有三种，即空间模型、双变量模型和交互启发式模型。

1. 空间模型。这是从经济地理学的理论出发，在一定的空间范围内预测对银行发展有潜力的最佳区域，然后再预测进入该区域的可能市场占有率。具体步骤：首先，划分业务区域，分析该区域的有利和不利因素，如商场、工厂分布，人口密度等；其次，分析该区域业务潜力，对经济数据做统计分析，测算转化为银行业务的潜力；最后，计算设置机构后的预计收益。

2. 双变量模型。这是运用网络技术进行选点的模型。其做法是先定出有业务潜力的点，同时确定其他银行分支机构的点，然后通过主要街道将这些点进行联结，计算相邻点的距离和往来时间，找出所有需求潜力点和银行空间的最少往来时间。再考虑银行产品、员工素质与数量、周边环境等因素，确定本银行分支机构的位置。

3. 交互启发式模型。该模型以研究客户为中心，用于商业区设置分支机构及网点。该模型的思想是，网点设置的决定因素是客户需求的偏好性，如计算出若干购物中心对客户购物的吸引力大小后，就用于确定银行分支机构的设点是否对客户具有吸引力。如美国购物中心是银行网点集中的地方，而且购物中心网点较其他网点营业业绩高3～4倍。

微课：银行网点选址八宜

任务三　银行网点选址的经验

在银行网点选址的过程中要考虑到各种影响因素，不同的因素通过不同的方式影响着银行网点的经营状况。

一、内部因素

（一）银行网点定位

银行的主要客户群和业务重点往往成为网点区位的要素。不同银行的定位不同，网点区位选址情况也大不相同。如农业银行定位于农业项目支持业务，因此，其在郊区的网点大大多于其他银行，其同城网点整体布局上也显示出向郊区倾斜的明显趋势。而中国银行的业务重点在中高端客户，因此其选址则主要在市区。像工商银行定位于普通的居民储蓄业务，因而其网点总数特别是郊区的网点，在各类银行中是最多的。

同时，同一银行不同等级的网点，其网点定位和业务导向也不同，低级网点如储蓄所一般选址在居民住宅区、车站、医院、娱乐场所、机关、团体、企业事业单位所在地。储蓄所的顾客来源有当地居民和流动顾客，根据顾客来源可演绎出三种储蓄所的区位：一是以人口聚居区的人口为主要顾客的区位，一般位于顾客聚居区的内部，如居住校区、学校宿舍区；二是兼顾当地居民和流动顾客，一般位于人口聚居区外围的城市道路上；三是以流动人口为主要顾客，附近居民较少，如分布在商业街上。最后，储蓄所在选址时还应注意人流的主要流向，根据观察，路南的人流多于路北，因而路南占有较优的区位。

（二）银行形象营销

银行的形象不仅仅由其产品、服务所体现，还能够由其营业厅装修风格、网点周边环境等所体现。为了提高自身公共形象，银行往往会将高等级网点如总行、分行、旗舰行选址在环境优美、品位较高的地段，这样可以更好地体现其无形资产的价值。如外滩和陆家嘴金融贸易区是上海市的中心商务区（CBD），也是上海市最大的办公区，外滩的金融一条街上，有限的办公楼几乎被各大国有银行和外资银行占据；陆家嘴金融贸易区汇集了汇丰大厦、金茂大厦、证券大厦、招商局大厦等为代表的顶级商务办公楼，是公认的高品位地段。为了彰显自身的实力和提高知名度，银行往往倾向于在这类地段设立网点。

（三）网点成本收益

在选择网点地址时必须预测布点的各项经济指标，主要是预测将来一段时间内拟设网点的建设成本与预测收益。

网点的建设成本包括物业租金（或购入成本）、固定资产投资、人员成本等方面，其中网点的物业租金是网点建设成本中最为重要的一部分。根据城市地租理论，租金高的网点选址一般位置好，配套设施也相对完善，可能的产出也就会相对较高。

二、外部因素

（一）宏观因素

银行网点选址工作，首先须就网点的目标设点位置所在区域的市场现状以及市场前景进行宏观分析，以确保网点设立后所带来的当前利益以及潜在利益的最大化。通过对城市宏观因素的分析，可以比较明确地确定网点规划的整体定位，包括城市宏观统计数据分析和城市规划分析两个部分。

延伸阅读：网点规划布局与选址提升银行网点效能

城市宏观统计数据分析，是主要采用收集宏观数据、制作相应图表并对图表展现的结果进行解读的方式。城市宏观数据主要来自当地统计年鉴或政府公开统计数据。

城市规划是根据一定时期城市的经济和社会发展目标，对城市土地利用、城市空间布局以及各项建设的综合部署的全面安排。对网点布局有重要影响的是城市的发展规划、城市交通规划和城市公共设施规划。主要内容是：城市发展方向、旧区改造和新区规划，产业布局、城市交通、机场等规划，城市的商业、教育、文化、医疗设施规划等。城市规划对银行网点的长期发展起到指导作用，银行网点的规划布局必须结合城市规划并与之契合。网点选址时宏观因素测量指标见表2.1。

表2.1　　网点选址宏观因素指标

测量指标	测量标准
区内地区生产总值	前3个年度区内完成地区生产总值及增长率
区域发展指数	上年度区内地区生产总值与全市各区平均地区生产总值比值
	前3个年度区内地区生产总值与全市各区平均地区生产总值比值变动情况
区内企业银行需求指数	上年度末区内企业数量
	区内企业存贷款规模
区内个人银行需求指数	区域人口规模、密度、收入，区内居民储蓄比例等
区内土地使用规划	当前以及规划中的居民区、商业区、工业区布局
区内产业布局规划	重点支柱产业布局、区域产业规划
区内商务楼宇布局	主要商务楼宇位置
区内购物中心布局	购物中心数量/规模/位置
区内公共设施布局	公共设施（公园/电影院/图书馆等）数量/规模/位置

（二）微观因素

在从宏观上进行总体因素分析后，接下来就需要从微观方面具体分析在网点选址过程中应具体考虑的方面和层次。微观分析主要从人口因素、地理交通、物业因素、竞争环境这四个层面进行分析。

1. 人口因素。人口因素是影响银行网点布局选址的重要因素。人口环境主要包括人口总量、人口构成、人口密度、受教育程度、人流量等。在不考虑其他因素的情况下，很显然网点选在人口密度高的地方其储蓄存量状况要优于人口密度低的地方，同样道理，人们收入水平高的地方更适合网点的选址。

（1）人口总量：按照地区来统计人口总量。

（2）人流量：该指标指每分钟通过该网点大门口的人数，单位是（人/分钟）。

（3）人均收入：该指标主要考虑了该网点附近的楼盘的价格，可以衡量居民的实际收入水平。

（4）办公楼数量：指网点附近的办公楼的数量，如果办公楼数量多，带来的相应的公司客户和个人客户也会增加，会增加网点的存款量。

考虑人口因素对银行选址的影响，首先是银行目标客户和网点规模的确定，通过研究人口的年龄、学历、收入等要素，确定目标客户，并在目标客户集中的地区设立营业网点。在网点选址时，通过对人口环境的调查和分析，初步判断该局部市场的规模和潜力。其次是业务范围、营销策略的确定。通过进一步分析目标人群的行为方式和兴趣，研究与了解其金融需求和偏好以确定网点的业务范围和营销策略。网点选址时人口因素测量指标见表2.2。

表 2. 2　　人口因素指标

测量指标	测量标准
区内商圈分布	商圈数量，商圈之间的距离
区内商圈规模	商圈内商业网点数量
	商圈内商业形态分布（大型商场、超市、小商店等）
商圈客流量	平日及节假日客流量
区内居民年龄结构	实际年龄分布
区内居民家庭结构分布	家庭常住人口数
区内居民受教育水平	居民学历分布
区内居民收入水平	家庭平均年收入（税后收入）
区内居民职业分布	职业分布
区内居民投资习惯	投资渠道分布
区内居民银行使用习惯	网点形式偏好/ 网点距离选择/ 使用的业务及频次等
区内企事业客户行业分布	上年度区内各行业企业数量
区内企事业客户规模	员工人数
区内企事业客户银行使用习惯	使用业务/ 存贷规模/ 网点形式偏好/网点距离选择

2. 地理交通。

（1）道路路口位置：十字路口以西北角位置较好，但在选择十字路口的哪一侧时，则要认真考察道路两侧情况，通常要对每侧的交通流向及流量进行较准确的调查，应选择流量最大的街面作为银行网点的最佳位置和店面的朝向；三岔路口以人流量较大的路口正面较好；丁字路口以人流量较大的转角位置较好。

（2）街面位置：朝阳街面优于背阳街面；宽度 25 米左右或以下街面优于宽敞街面；规避单行线和人流、自行车流、机动车流三分流街面。

（3）地势位置：楼体地面与相邻路面高度持平或略高于相邻路面位置优于楼体地面与相邻路面高度相差较大的位置；选址相邻路面相对水平路段优于坡道路段；主干道、地势独特、门前视野开阔、日照度明亮、门头标牌显亮等地段优于次干道、采光相对较差等地段。

（4）楼位选择：以转角位置较好，出口右转角位置好于左转角位置；人流出入口或临广场位置优于沿街位置；楼位出口右边位置好于左边，东、南面开口位置好于西、北面；屋顶可租用或免费制作广告位较好。

（5）商铺位置选择：沿街门面宽度大于进深较好；大开间框架和框剪结构、层高大于 6 米可做夹层较好；优选底层单层商铺，一层面积大于上层面积较好。

（6）停车位：指网点大门口所能容纳的停车位的数量。如果有较多的停车位，会吸引较多的有车一族，增加银行的客户流量。

（7）公交车站：在网点附近的 100 米的范围内，如果有较多的公交停靠点，会给人们带来很多便利性，同样增加了银行客户的流量。

（8）交通拥堵状况：如果网点附近的道路堵车，会减少潜在客户来该网点的公交便利性，减少目标客户。

（9）阻隔度：如果网点附近有大马路、高架桥、铁道、花坛、人行道、高架等，会大大降低网点的可视性和客户到达的便利性，减少人流量。网点门面应尽量避免受路旁树木、广告牌等物体的遮挡，特别要注意遮挡物是否影响银行标牌和广告等。

此外，地理交通方面主要考虑和评价的内容还有客流状况、商务流量、过往车辆数量及类型、道路状况等。通过测量客户流量和集散状况，分析潜在客户总量、客流规律以及网点的地理辐射能力；通过提高到达网点的便利程度，可以增加网点对客户的吸引力。地理环境优越的地方往往成为银行网点聚集之地。

在网点位置选择上应充分考虑客户到达的交通便利性，尤其在新兴地区，必须鉴别出网点目标设置位置周边各种能够创造交通的因子。通过对创造交通的因子进行鉴别可以得出网点周边交通状况改善的可能；在此基础上，对目标设点位置交通系统的详细分析，有助于银行在选址时得出最大的客户覆盖范围。在微观分析交通因素的过程中需要分析的重要因素指标见表2.3。

表2.3 交通因素指标

测量指标	测量标准
人口迁移	区内规划居住人口变动
周边停车场所分布	网点距停车场所的距离
	停车场所的车位数量
周边客户聚集场所状况	网点距周边现有大型公共场所、社区、商业建筑的距离
	网点距周边规划中大型公共场所、社区、商业建筑的距离
现有交通网络分布	周边可利用交通工具种类
	周边各种交通工具的站点分布密度
区域交通规划	计划新增交通线路数量
	计划新增交通线路的沿线站点位置
需穿越的障碍	从各交通站点到达目标设址地点需要穿越马路的次数
	从客户聚集区到达目标设址地点需要穿越马路的次数
区内客户最远可接受的时间	客户可接受到达网点最长时长的分布
最大可覆盖的范围	最大可覆盖的范围，不同时长下通过不同交通工具可到达目标选址地点的覆盖范围

3. 物业因素。网点的物业因素主要指银行网点所在物业的具体情况，包括网点的形状、占地面积、房屋的新旧程度、户外广告效果等。

（1）网点的形状：按网点的外观的布置情况，分为横长方形、L形、正方形、竖长方形、不规则形几种布置情况，而其中横长方形是最佳的形状，因为可以给人一目了然的感觉，客户的感觉很好。

（2）占地面积：根据零售型网点的部署，目前分600平方米以上、400～600平方米、400平方米以下三个级别，而根据目前商业网点的调研结果来看，目前400～600平方米的建筑的实际应用效果最好。

（3）房屋的新旧程度：主要根据房屋建筑投入使用的年代以及物业的外观情况来判别。一般来说，2010 年以后的房子比较新。

（4）户外广告效果：指网点门牌的广告效果，分为好、一般、差三个等级。

4. 竞争环境。竞争环境包括区域内竞争对手的数量、服务种类、营业时间、经营业绩、市场份额、经营策略和硬件设施情况等。

由于银行产品和业务的同质性，银行要想在激烈的市场竞争中获得成功，必须在网点规划和布局时明确自身定位，必须充分了解自己的竞争地位。通过对竞争环境的了解和分析，力求掌握对手与自身的优势和劣势，知己知彼，扬长避短，进而向个性化服务和营销转变，确立网点的核心竞争能力，才能赢得客户、赢得市场。竞争因素主要包括的因素指标见表 2. 4。

表 2. 4　　竞争因素指标

测量指标	测量标准
区内银行网点密度	平均每平方公里银行网点数以及不同类型网点数
	平均每平方公里各家银行的总网点数以及不同类型网点数
网点业务流量	银行及主要竞争对手网点周一至周五每日各类业务成交笔数
	银行及主要竞争对手网点双休日各类业务成交笔数
竞争对手网点设施	银行及主要竞争对手网点面积
	业务窗口数量
	各类硬件设施配置及数量
品牌认知	第一认知度
	无提示认知度
	品牌熟悉度
品牌形象	品牌美誉度
	品牌形象各指标得分
品牌忠诚	品牌忠诚度
	总体满意度
	推荐意愿
	再次使用意愿
	品牌转换率

微课：银行网点选址影响因素分析

测验 3：银行网点选址规划

模块二　银行网点岗位设置

【主要内容及学习目标】

本模块主要介绍银行网点岗位设置及岗位职责和权限，通过本模块的学习，要求学生掌握以下几个方面的目标能力：

1. 了解银行网点的基本岗位；
2. 掌握银行网点各岗位的职责；
3. 掌握银行网点各岗位的设置要求。

任务一　银行网点岗位设置原则

银行网点岗位及权限设置应遵循下列原则：

1. 因事设岗原则。网点应根据业务事项和承担的职责，合理设置岗位，明确岗位职责和要求。

2. 相互制约原则。岗位及权限设置应符合会计内部控制要求，办理重要业务或事项应相互牵制、约束。

3. 不相容岗位和职责权限分离原则。会计业务或事项中不相容的职责权限必须分设不同岗位；不相容的岗位和不相容的职责必须由不同的人员担任。

4. 授权操作原则。根据内控管理和人员素质，分别授予会计营业人员业务操作权限，各岗位人员在授予的职责和权限范围内处理业务，严禁越权操作。

任务二　银行网点岗位及职责

各银行网点根据业务量的不同，人员配备也略有差异。但无论业务、人员多少，均应按照规定设置相应的岗位，以适应对外办理业务和内部控制的需要。银行网点通常应设置的岗位如图 2. 1 所示。

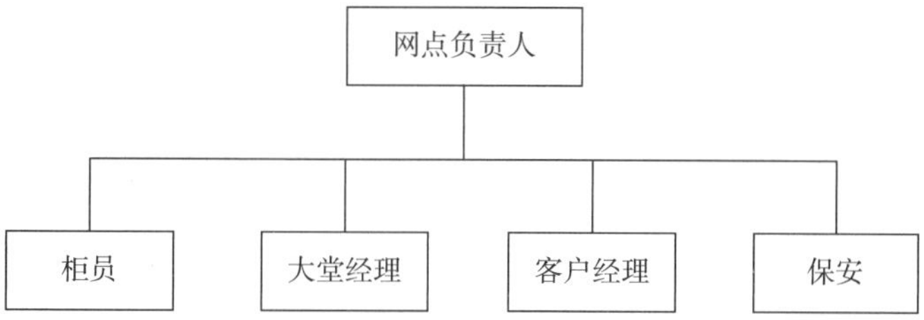

图 2. 1　网点岗位设置

一、网点负责人

网点负责人主要负责整个网点的全面管理工作，灵活有效地调度网点服务资源，实现提高网点服务效率、销售能力和客户满意度的目标。同时还专门负责大额现金和大额转账资金的授权、重要印章管理工作。

网点负责人岗位职责主要有如下几项：

1. 负责安排临柜人员日常工作。

2. 负责维护网点正常的工作秩序，管理好网点的日常消耗用品，维护网点电子设备的正常运转，做好日常工作动态管理，保证网点工作环境干净整洁，物品摆放井然有序。

3. 每天班前列队检查柜员着装是否统一、整洁，微笑服务、优质文明服务用语是否熟练，专业术语使用是否得当。

延伸阅读：如何当好银行网点负责人

4. 负责安排柜员对新老客户开展走访、回访、宣传等营销工作。

5. 带领全体柜员完成客户部分解下达的个人营销任务，并做好营销业绩的统计上报工作。

6. 负责临柜人员的考勤、考核工作。

7. 负责协调解决客户维护、客户咨询、业务办理、系统录入、续投、转投、提前支取等业务过程中出现的各种问题。

8. 负责书写网点每天的工作日志，建立手工营销台账，负责召开每周例会，对上周工作情况、营销情况、客户动态进行分析小结，找出存在问题，提出改进措施，并做好例会记录。

二、大堂经理

大堂经理通常负责对银行业务进行宣传，对网点客户进行分类引导，对客户的各类业务咨询负责解答，对银行工作人员与客户之间的纠纷和矛盾进行调节和疏导等工作，通常由具有较长时间工作经验的银行员工担任，规模小的网点由网点负责人兼任。

大堂经理岗位职责主要有以下几项：

1. 分流、引导客户。即根据客户需求，引导客户到相关区域办理业务，减轻柜面压力，实现客户的分层管理。

2. 识别优质客户，推介潜在优质客户。记录及跟进优质客户基本资料，并及时向客户经理推介。

3. 维护银行形象和大堂秩序，管理咨询区和自助服务区。如遇客户抱怨或投诉，及时采取应对措施。

4. 了解客户需求，为客户提供简单业务咨询，适时进行银行产品的推介。

5. 指导客户使用自助机具和网上银行、电话银行等。

一般而言，大堂经理首先必须具备丰富的柜面知识，大多数大堂经理都是柜员出身，因为只有透彻了解柜面的操作才能更好地引导客户和营销。

延伸阅读：怎么做好银行大堂经理

三、柜员

银行柜员一般指在柜台里为客户提供银行服务或者其账户咨询服务的银行员工。根据岗位设置原则，按照内控要求和会计业务处理及核算的需要，网点柜员一般应设置下列基本岗位：会计主管岗、前台授权岗、交易发起岗、凭证管理岗、权限申请发起岗、票据岗、账户管理岗、重要印章保管岗等。

1. 会计主管岗。会计主管岗负责营业部对外营业和会计核算的组织管理及会计业务事项的审批、授权工作。会计主管岗应指定 B 角，会计主管和其 B 角履行会计主管职责期间不得直接发起业务交易（权限类申请除外），不得填制记账凭证。

（1）负责营业部的营业值班和日常管理工作，保障对外营业和会计核算的正常运行。

（2）根据本行有关会计营业的统一规定和要求，组织设计营业部的工作流程和劳动组合，设定岗位职责，明确操作权限，合理安排会计营业人员，落实岗位责任制。

（3）负责会计重要业务事项的审批、授权。

（4）负责异常业务事项的审核，明确处理意见和要求。

（5）负责应急业务事项的审核、审批。

（6）按规定核对机构报表、账卡、现金、重要空白凭证、重要印章和机具、各类登记簿等，确保账账、账款、账实、账表、账据、内外账务全部相符。发现错误或异常情况的，应立即查实、妥善解决。

（7）其他按规定需要由会计主管处理的相关业务或事项。

2. 前台授权岗。前台授权岗指在规定业务权限范围内，对会计柜面业务事项进行复核授权的岗位。基本职责为：负责对交易发起岗提交的业务进行授权，审查凭证资料，核对录入信息（包括回显的账号、户名等）是否一致；并根据业务类型逐项审查印鉴、二维码等需授权事项。

3. 交易发起岗。交易发起岗指负责受理、审核客户业务申请无误后，根据业务类型录入基本要素，扫描业务凭证，发起交易，以及根据岗位权限发起和处理相关会计业务事项的岗位。根据从事业务事项不同，可分成交易发起岗（储蓄出纳）、交易发起岗（会计结算）、交易发起岗（综合）三类。

视频：柜员基本业务操作规范 1　　**视频：柜员基本业务操作规范 2**

交易发起岗（储蓄出纳）：主要办理个人客户储蓄、结算、银行卡、理财、个人网上银行等业务，以及单位客户现金收付业务。

（1）审查、确认存款人真实身份，及时办理个人结算、储蓄、银行卡账户的开立及网银注册、变更等业务。

（2）办理本外币现金收付业务，付款时应审核取现票证、卡折及签章真实性。

（3）审核个人业务凭证，及时为客户办理个人转账、汇兑等业务。

（4）负责自身钱箱管理，及时请领、上缴库存现金，尾箱入库须经双人复点、加锁。

（5）执行柜面有关反洗钱和反假币的规定。

（6）按规定保管和使用业务清讫章、存单（折）专用章等业务印章、出纳机具，以及领用的重要空白凭证，登记和保管有关登记簿。

（7）根据授权，办理理财、个人结售汇等其他柜面业务。

交易发起岗（会计结算）：主要受理企事业单位或个人客户的各类非现金业务，并按规定审核业务单证、录入基本要素、扫描凭证，发起交易。

（1）受理企事业单位和个人客户的本外币非现金业务，审核会计凭证或业务资料的真实性、合法性，并据此录入基本要素、扫描凭证，发起交易客户。

（2）办理个人客户结算、银行卡、网银注册等业务。

（3）负责企事业单位银行结算账户开立、变更和撤销，单位网银注册、变更等扫描录入，并发起交易。

（4）在授权范围内，办理临柜业务收费等零星现金业务。

（5）按规定保管和使用业务清讫章等业务印章，登记有关登记簿。

（6）定期核对各类账、卡、簿，确保账账、账卡、账簿、账实等相符。

（7）根据授权，办理理财、单位结售汇等其他柜面业务。

交易发起岗（综合）：负责办理企事业单位及个人客户本外币现金、非现金业务。

根据授权，该岗位办理储蓄出纳和会计结算交易发起岗的业务事项。

4. 凭证管理岗。凭证管理岗指负责重要空白凭证调拨、保管和出售，以及对签发票据（银行汇票、银行承兑汇票、银行本票）进行打印并补扫票据影像的岗位。

（1）负责重要空白凭证库管理，按规定办理调拨和入库保管手续，确保重要空白凭证的安全。

（2）合理匡算凭证用量，适时向上级行请领重要空白凭证，并为柜员办理重要空白凭证的领用、出库。

（3）按规定向客户出售重要空白凭证。

（4）按规定打印签发票据，并补扫票据影像。

（5）定期核对重要空白凭证，确保账簿、账实相符。

（6）负责领用、保管以及出售待发行支付密码器。

（7）负责其他一般单证的请领、保管与分发。

5. 权限申请发起岗。权限申请发起岗指负责发起权限类管理事项申请的岗位，一般由会计主管岗兼任，另设会计主管 B 角为权限申请发起岗，会计主管离岗时代为行使权限申请发起。

（1）负责机构建立、修改的申请发起。

（2）负责柜员新建、变更、停用注销及岗位权限设定等业务的申请发起。

（3）负责内部账户开立、修改、撤销的申请发起。

（4）其他权限类业务的申请发起。

6. 票据岗。票据岗指负责票据买卖中实物票据的审验，以及保管买入票据实物的岗位。

（1）根据票据核验标准和查询查复等信息，认真审查实物票据的合法性、真实性。

（2）负责保管买入票据实物，按规定办理出入库等交接手续。

（3）负责各类票据的查询查复，做到“有疑速查、查必彻底，有查速复、复必详尽”。

（4）严格执行核对制度，确保票据实物、表外账、票据系统明细三者一致无误，防止票据丢失。

7. 账户管理岗。账户管理岗指负责受理审核各类单位存款账户开立、变更和撤销，以及账户管理相关工作的岗位。

（1）负责受理、审核单位账户的开立申请及相关资料，核实有关信息，与客户商定账户类型，确保申请资料的完整、有效。

（2）按规定办理预留银行签章预留及变更，并及时完成电子图文签章的建库录入。

（3）受理单位账户及印鉴、支付密码等变更事项，以及账户监测、清理、年检、撤销等事项。

（4）负责受理、审核单位网银注册、变更的申请及相关资料，核实有关信息，确保申请资料的完整、有效。

（5）按规定办理与支付密码器或支付密码账户相关业务（解锁、停用、启用、挂失、增减账号、密码器账号更改密钥、同账号增发密码器等）的处理。

（6）按规定及时向人民银行申报结算账户资料，负责账户管理系统数据录入与维护。

（7）负责保管开销户资料，按户设档，确保资料的完整性，不得外传或散失。

8. 重要印章保管岗。重要印章保管岗指保管营业部重要业务印章，按规定审查相关用印事项无误后加盖印章的岗位。一般应由会计主管 B 角兼任。

（1）领用、保管汇票专用章、本票专用章、结算专用章、会计业务专用章、票据交换章等重要印章，并按规定办理重要印章领用、交接等手续。

（2）按规定审查相关用印事项和单证，加盖印章；对超过自身处理权限的用印，须经有权人审批。

（3）重要印章的保管应做到：临时离柜，人离章收，非营业时间入库（保险箱）保管，定向交接。

（4）负责保管预留银行签章卡，按规定进行手工验印；定期核对图文签章库与纸质预留银行签章卡，确保两者一致。

四、客户经理

银行网点客户经理主要从事网点内金融产品的销售工作。在网点内设立专门的营销岗位，目的在于把营销职责从柜员工作中分离出来，实现营销和交易的分离，在提高交易速度的同时，提高网点营销能力，缩短客户等待时间。

视频：微贷客户经理的一天

1. 加强市场研究分析，掌握市场变化，为网点负责人决策提供翔实的参考依据。

2. 负责售前和售后的协调工作。对已有的客户，客户经理与之保持经常的联系，而对潜在的客户，客户经理要积极地去开发。

3. 识别并引导客户、挖掘优质客户资源、推介销售金融产品、提供业务咨询和服务。

4. 负责完成相应银行产品和服务的销售指标。

5. 负责收集用户信息，及时向产品开发部门提供建议。

6. 负责草拟、签订相关的合同、协议等工作。

五、保安

网点保安主要负责防抢、防盗、防火、防破坏、防治安等各项工作，保障网点财产安全。

银行网点保安的主要工作职责如下：

1. 日常执勤，勤记录、勤询问、勤观察、勤巡逻。

2. 外出押钞，防止各种事故发生。

3. 发现治安火险或灾害隐患，及时消除。

4. 遇上抢劫或其他恶性案件立即报警，并按银行突发事件预案执行，确保网点员工人身及财产安全。

5. 紧急情况时，配合有关部门机智处理各类事项。

微课：网点人员的职责

任务三　银行网点人员设置数量要求

银行网点应根据内控要求、业务特点和业务量情况，安排劳动组合和营业排班。

1. 实行综合柜员制的网点，应该至少配置 7 名员工；现金区与非现金区同时开办业务的网点，则至少应该配置 9 名员工。如果双休日不对外营业，那么可以减少一人。

2. 每个网点至少应该配备 2 名主管级柜员、2 名主办级柜员。

3. 每个网点应该配备一名专职大堂经理，业务量比较大的网点，可以再另行配备一名兼职大堂经理；业务量较小的新设支行如果暂时不需要配备专职大堂经理，经总行相关部门审核同意后，大堂经理可以兼任，一般由网点负责人履行大堂经理的工作职责。

微课：网点的岗位设置及人员配备

4. 开办国际业务或理财业务的银行网点，则应该分别增配具有相应从业资格的人员办理业务。

5. 银行网点应该根据忙闲业务量情况，实行弹性管理，确保人员配置数量与工作量相匹配。

银行网点人员设置数量方面应该体现“以客户为中心”服务原则，依据业务发展需求，补充网点前台营销人员，增加客户经理、低柜柜员等直接面对客户的岗位数量，强化网点的服务职能。

测验 4：银行网点岗位设置

模块三　银行网点品牌塑造

【主要内容及学习目标】

本模块主要介绍商业银行网点品牌塑造的相关内容，通过本模块的学习，要求学生掌握以下几个方面的目标能力：

1. 了解银行网点品牌塑造的基本原则；
2. 掌握银行网点品牌塑造的基本内容；
3. 掌握银行网点品牌宣传的方式。

任务一　塑造网点品牌的原则

1. 把握统一的准则，追求稳定的形象。品牌形象一旦定型，就必须保持一个相对的稳定期，以避免客户视觉混乱。良好的品牌形象既美化了银行网点在社会公众心目中的外在形象，又提升了银行网点的品牌效应和综合竞争能力。网点形象统一的内容见图2.2。

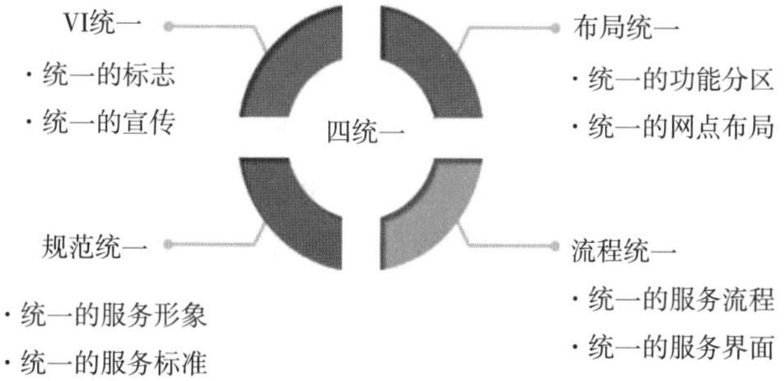

图 2.2　网点形象四统一

2. 强化务实精神，以客户为中心。银行在打造网点品牌时，必须以客户为中心，把客户的利益放在首位，坚持“客户至上”“公众第一”，让网点具有较高的透明度和令人信服的依赖感。

3. 重视创新理念，突出传统与特色。网点品牌的塑造和设计必须重视创新的理念，导入创新的意识。因而在风格上要有创意，整体形象上要有特色，能够体现网点的个性。可以说，塑造网点品牌要做到准确传达银行的经营理念，展现网点的信用状况、业务能力、服务手段，使客户能够迅速识别该网点，并认同和接受该网点的网点形象。

4. 树立发展观念，要与时俱进。在形象的相对稳定期间，银行网点应该重视收集新的信息，根据反馈信息的情况随时保持调整的态势，进行有效的动态管理。由于时间及内外环境的变化，先进的视觉形象也可能过时或落后，所以应树立发展的观念，用发展的眼光，与时代精神同步，与科学技术进步相适应，始终保持最先进的网点形象。

5. 贯彻竞争意识，获取相对优势。网点品牌战略是一种竞争战略，应该将网点品牌作为银行的经营战略来考虑，其塑造的前提和最终目标就是银行网点在市场竞争中获得相对优势。因而网点的品牌塑造和设计必须强调竞争意识，重点突出，选准银行的优势点，以最低的成本博取最大的影响效益，使网点形象效果最佳。

任务二　塑造网点品牌的具体内容

银行网点的 CIS（Corporate Identity System，企业形象识别系统）管理，是基于大组织的 CIS 管理衍生出来的网点形象统一识别系统。这个识别系统对银行网点塑造具有极其重要的意义。

CIS 系统包括三个部分（如图 2.3 所示）：一是基于各行经营管理的理念系统（Mind Identity，MI），其中包括经营策略、信条、文化和银行精神；二是来自网点的活动系统（Behavior Identity，BI），包括对内的宣传、教育、培训，以及对外的广告宣传、公关活动；三是网点的静态可识别图像的视觉系统（Visual Identity，VI），是在 MI、BI 的基础上，将银行的形象概念以具体可见的图像来表现，体现在各个网点范畴内。

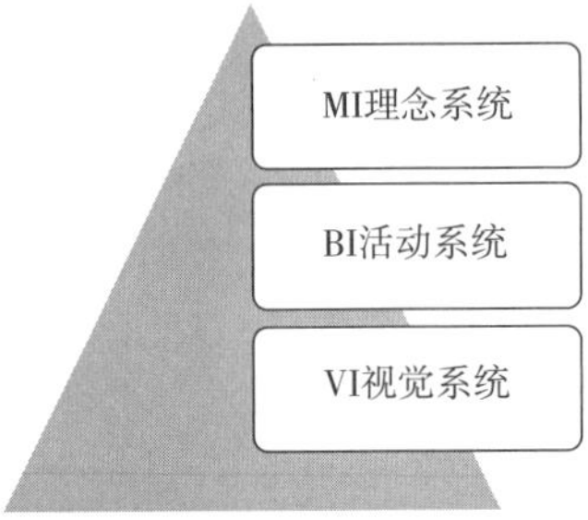

图 2.3　网点的 CIS 管理系统

CIS 系统是所有组织对外形象建立的基石，银行作为一个公众金融服务的平台，对 CIS 的管理更加关注和加强。良好的 CIS 系统能够给客户留下良好的印象，并通过识别系统让客户产生心理联想，例如，我们提到建设银行，就会想到蓝色，来自蓝色的感知就是严谨，而我们每次看到招商银行的向日葵都会想到积极和阳光、中青年客户定位及“因您而变”的价值思维。

这种价值理念的塑造是通过整个 CIS 系统每个环节的有效匹配、严谨执行而最终实现的。打造成功的网点 CIS 系统，要以本行理念系统为核心，通过网点营销与服务的活动系统，以及网点静态识别的视觉系统的有效结合，最终实现协调统一，给客户以统一的价值形象。

一、理念系统

企业的理念系统包括经营管理理念及最高的指导思想。每个银行都有自己的目标客户群体和营销理念与策略，如交通银行的经营理念就是“您的财富管理银行”，所以交通银行的客户会体验到交通银行优秀的理财服务，交通银行的产品结构、客户服务、营销方式，都应处于同业竞争的优势地位。网点 MI 管理与设计需要基于总行及分行的营销策略和经营理念进行细致的部署与调整。MI 融入整个网点的经营与管理之中，理念的有效传达不仅来源于客户的有效识别，更来自员工自我的有效识别。

这种价值观的传递是隐形于表象之下的一种能量传播。以服务为导向的网点，员工就一定会面带微笑，提供优质服务；以产品为导向的网点，员工的产品解读能力和推销能力就非常强。所以，当我们走进不同的银行网点时，基于理念传播的能量也会影响客户的价值判断。

二、活动系统

网点的经营理念与指导思想如何有效地传达给员工和客户？这就需要通过活动系统来完成。比如招聘员工，会通过培训、会议、辅导及激励政策等动态行为来帮助员工更快地了解企业文化并进行自我提升。同样，面对不同的客户，也需要通过系列的网点经营与营销活动来帮助客户实现价值识别与认知。

[案例]

有一个银行员工，他之前曾经应聘到某国有银行工作，这本来是件很荣耀的事情，可是他到单位不到两个月就选择了离职。原因就是每天跟老员工在一起听到的都是对行业的抱怨，对领导的不满，对行内各种制度和活动的抵触。作为一名刚刚毕业的大学生，他很怕自己也会变成这个样子。他说："什么样的文化打造什么样的团队，什么样的团队带领什么样的员工。我是一名员工，我改变不了环境，只能改变自己。"

后来这名员工来到了股份制商业银行。虽然银行不大，但是他所学、所思、所想都能够跟银行达成和谐统一，在新员工培训的过程中，表现非常好。

员工也是银行的客户，而且是银行最重要的优质客户，从员工的招聘、培训、辅导和激励等任何一个方面，银行都要努力传递自己的价值理念和文化，让 BI 系统的内部驱动有效带动外部驱动。

三、视觉识别系统

视觉识别系统是帮助客户与员工有效识别和记忆网点的形象，它包括所有客户的可视范畴，从网点的 LOGO 到办公桌的摆设、网点人员的着装、功能区的设计，以及营销活动现场的每个细节，都是 VI 系统的涵盖范畴。

客户会通过每一个细节来判断银行网点的服务和价值，例如，银行本应是一个严谨的金融服务机构，但是一进入网点就看到满地的纸屑、其他客户的身份信息暴露在外，这些细节足以证明这家网点不够严谨。有些网点的电子显示屏坏了一半，没有及时修理，工作人员的着装邋遢，物品摆放不够整齐，等等，这些细节都向客户彰显着银行的经营理念和服务态度。

银行网点给客户留下良好印象的机会只有一次，所以一定要把握难得的机会。VI 系统不是一个形象工程，而是非常重要的网点管理项目。

CIS 系统的建立是一个庞大的工程，要在网点有效地利用 CIS 理论进行网点的服务营销管理，就需要一位对本行营业理念具有极度认同，并能够深刻理解上级行的营销管理策略的管理者。通过对营销活动及网点管理的融会贯通，最终形成一个既有网点特色，也不偏离总行经营思维的差异化网点。

要进行有效的 CIS 理念传达，首先要做的就是对总行和分行既有的识别系统有效地执行，如网点的功能区建设、门楣标志标识、功能区设计等。因为统一形象更能够为客户有效传达总行的经营与管理理念。

在网点管理细节处理中，再融入网点特色进行有效整合，如网点的物品摆放、营销材料的发放和管理、客户营销活动的设计等，都要依据网点周边客户的使用习惯和特征来进行设计。

微课：银行网点品牌塑造

［案例］

某商业银行网点的所有形象设计和功能区设置都以总行的规范化标识为核心，但是在细节的处理上就彰显出网点的经营特色。比如，在设置客户等候区时，爱心座椅的数量达到了 10 个；除了在便民箱里准备了老花镜，还在每个窗口旁留了一个老花镜备用；宣传资料的重要的提示部分都用红色记号笔做了明显标识；凡打印的资料都可以用较大字体打印；ATM 的右侧专门有一个指引使用的展板。

大家一看就明白这个网点的客户特征，这个网点的客户以六十岁左右的老年客户居多。

在总行客户至上服务理念的影响下，这个网点的每个细节都充分体现着客户至上的经营理念，所有的细节设置都是站在客户的角度来思考的，大堂经理和柜员更是有着极大的耐心，为每个客户提供优质服务。

他们的服务得到了所有老年人的认可，他们不但自己在这个网点办理业务，还会介绍自己的朋友和孩子来这个网点办理业务。

CIS 的建设以经营管理为核心，通过动态的经营管理和静态的视觉识别两个方面，以客户的需求为导向来进行银行形象建设。网点的形象建设不是一蹴而就的，是通过网点的持续经营和管理，在网点的功能区建设与客户的经营管理等方面不断纠错，最终实现网点形象根植于客户心里的目标。

任务三　银行网点的宣传与传播

银行网点对外宣传可以实现的具体目标包括：树立银行形象，建立银行信誉，传播银行文化；扩大品牌知名度，推介品牌产品；提供品牌产品的具体信息；引导消费者选择该银行品牌，提高其市场占有率。网点对外宣传的主要方法包括广告传播、人员传播、促销传播、公共关系传播，以及赞助传播。

1. 广告传播。广告传播通过各种大众传播媒介，如电视、广播、印刷媒体、户外广告、因特网等，直接向目标市场的消费者群介绍品牌信息，在商业银行网点品牌传播中具有相当大的威力。它可以迅速创造银行及其产品品牌的高知名度，而且可以连续、重复地提供品牌信息，不断地向消费者提醒该品牌，从而巩固和保持其在潜在消费者心目中的品牌形象，给商业银行带来了巨大的收益。商业银行的广告包括两个层次：银行整体品牌形象广告和银行产品品牌广告。前者是为了提高银行整体品牌的知名度，塑造银行值得信赖、稳定、诚信的整体形象。后者则通过宣传新产品或特色业务，树立银行的产品品牌，同时也能起到突出银行整体品牌特色的作用。

随着当代消费者兴趣、心态等的变化，银行可以多尝试一些富有创造性的广告创意。广告语要针对目标消费者的心理需求来设计，体现品牌的精神、主张、价值理念和承诺，要简单明了、有穿透力，好的广告语可以引起消费者强烈的心理共鸣。例如，花旗银行就非常重视广告传播，为了提高银行的知名度，树立花旗银行的形象，它利用各种媒体发布广告，以增进潜在消费者对花旗银行的信任。它的一句著名的广告语是："不仅是维萨卡，而且是花旗银行的维萨卡。"

2. 人员传播。由于银行服务的无形性和不可分性，人员传播是推广品牌不可缺少的手段之一，是银行品牌传播的重要组成部分。包括银行网点的服务人员、经纪人、推销人员等在内的任何一位与消费者有接触的银行员工都是这个过程的参与者。人员传播的好处在于：通过直接接触的交流方式，消费者可以从银行员工的言行感受到银行的精神面貌和态度理念；银行员工可以面对面地详细解说品牌的个性和功能，并当场根据消费者的反馈，提供消费者需求的个性信息，弥补广告信息的不足。所以，人员传播可以加深消费者对品牌的了解和认同，提高他们对品牌的满意程度。

3. 促销传播。银行网点常用的促销传播手段有展示、赠品、抽奖、折扣优惠等。促销传播的作用在于改变消费者的行为，在短期内迅速扩大品牌的影响，提高产品的销量和在目标市场的份额。好的促销活动还有助于使消费者产生良好的品牌印象。但是，从长期来看，促销传播却有可能破坏银行诚信、稳重的形象以及产品的定位。

4. 公共关系传播。商业银行品牌的公共关系传播涉及网点与政府、地方团体、社区、股东、银行员工等内外团体的关系，其手段包括：年度财务报告、讲座、研讨演说、新闻报道、银行网站、内部杂志等。公共关系传播不仅可以宣传银行的产品，更重要的是可以塑造银行整体的品牌形象和信誉。这种传播方法的优点就在于它有公正客观的特点，更有说服力，可信度高，而且成本不高。

5. 赞助传播。赞助传播比公共关系传播更能深入人心，它不仅能扩大银行品牌的影响力，增进消费者对银行的了解，甚至还可以改变人们对品牌的看法。例如，维萨卡1992 年独家赞助奥运会，并趁机加强广告攻势，在全球范围内提高了自己的形象。

总之，银行网点品牌传播要以与消费者的沟通为中心，协调运用各种品牌传播方式，在适当的时机以适当的形式对品牌进行传播推广。同时，要注意整合现有的品牌信息，确保同一个品牌的信息在多角度、多渠道的传播中是清晰一致的，以达到最佳的品牌传播效果。

微课：银行网点品牌宣传

测验 5：银行网点品牌塑造与传播

实践·思考·讨论

实践题

1. 考察学校附近的银行网点，看一看它选址的优势体现在哪里。
2. 选择不同的银行网点，比较它们的岗位设置有哪些相同点和不同点。
3. 比较不同商业银行网点的品牌传播途径，寻找其特色。

思考题

1. 不同类型的网点在选址规划上应该有哪些不同？
2. 自助设备对银行网点的岗位设置有什么影响？

讨论题

1. 随着互联网技术的发展，银行柜员岗位会消失吗？
2. 相比其他商业网点，银行网点的品牌塑造存在哪些不足？

3 项目三　银行网点常规管理

银行网点的常规管理主要包括网点的日常管理、网点的人员管理、网点的绩效管理和网点的风险管理，网点的常规管理工作是管理一个网点的基础，基础工作做不好，网点很难有竞争力。

模块一　银行网点日常管理

【主要内容及学习目标】

本模块主要介绍商业银行网点的日常管理，通过本模块的学习，要求学生掌握以下几个方面的目标能力：

1. 掌握银行网点日常管理制度；
2. 掌握银行网点厅堂日常管理的主要内容；
3. 掌握银行网点特殊事件的处置策略。

任务一　银行网点日常管理制度

网点日常管理，强调对工作目标的达成进行过程管理，对员工工作进行有效的指导和管控。

过程管理中，网点负责人每天根据网点各岗位的目标和任务要求对员工工作的进程进行现场管理和督促，对员工工作的计划性和行为表现进行评估，要注重体现以下原则。

1. 规范性原则。按照本行网点管理规范，包括环境、设施、安全等一系列标准规范，落实监督检查，确保符合标准要求。

2. 及时性原则。及时维护营业环境和秩序，发生营业突发或异常情况应及时有效处置，并按规定逐级报告。

3. 责任分工原则。网点日常管理实行责任分区，岗位人员各司其职，相互配合，维护银行形象，确保人员生命安全和资金安全。

网点日常管理常用工具包括：两会、三巡、两示范。

1. 晨会：营业前召开，明确目标、调整团队状态。

2. 一巡：上午上班半小时内开展。检查联络客户名单与晨会目标匹配度；检查各岗位人员的仪容仪表、精神面貌、各类折页单证等是否做好准备；检查各岗位是否已开始主动营销，且运行转介流程[①]；检查网点厅堂内环境卫生情况是否符合标准要求。

微课：网点晨会

3. 二巡：上午班结束之前开展。检查各岗位当日目标完成情况；检查各岗位人员营销话术和工具使用情况；检查各岗位是否存在不符合规范的做法和异常情况。

① 转介流程是指客户在不同岗位之间的转换，如大堂经理把识别出来的客户转交给客户经理等。

4. 三巡：下午下班前半小时开展。检查各岗位人员当日是否完成销售目标；发现实际销售与当日目标悬殊较大的指标，发现当日亮点及不足；检查各岗位人员服务态度及营销工具归档情况；检查网点厅堂内环境卫生情况是否仍然符合标准要求。

5. 夕会：下班后召开，分享经验、解决问题。

6. 两示范：发挥关键人（服务明星、销售明星）、关键行为（主打产品销售、弥补短板行为）的示范作用，示范后要跟进落实，要有成效。

微课：网点日常管理

任务二　银行网点厅堂日常管理内容

一、日初检查

1. 检查利率牌、外汇牌、查询机的信息及自助设备是否正常运行。

2. 对于已配备叫号系统的网点，应及时开启叫号机，检查设备运行是否正常。

3. 检查营业厅是否按规定发布业务收费标准。

4. 检查各项营业准备工作是否到位，员工的仪容仪表是否符合规定。

5. 检查宣传资料、相关业务凭证、意见簿等，是否摆放整齐，种类是否齐全、适时，及时更换过时的业务或宣传资料。

6. 巡视营业大厅的卫生状况，检查营业环境是否整洁美观，及时维护清理。

二、营业秩序

1. 维持业务办理秩序。维持良好的业务办理秩序，有序、高效地为客户办理各项业务；员工不在网点接待客户和来行人员，不在柜口长时间陪同客户办理业务，不在网点长时间逗留，不违规代办客户业务，不得要求营业柜员违规办理业务，非营业、理财人员未经批准不得进入网点办公区域。

2. 加强人员动态管理。关注营业大厅的人员情况，对于逗留于网点的行为可疑人员应主动询问有何服务需要等；对于较长时间停留网点、无服务证的银行员工，应劝导其离开；对于银行其他分支行员工逗留网点的，应要求其离开；对于离行人员或衣着与银行工作服（颜色、款式）相近的非本行人员较长时间逗留于网点或陪同客户办理业务的，应重点关注，主动询问，予以劝离并目送其离开，对其陪同客户所办业务应认真审查，如有异常则不予受理。如发现非办理业务而多次到网点的人员及情形，应及时向会计主管报告，如为银行员工则应向所在行领导报告。

3. 落实叫号排队措施。大堂经理应积极引导客户通过叫号机自助发起业务，落实排队叫号措施；对于现金柜口应严格落实“一米线”要求，如有条件，对公业务柜台前也应设置“一米线”；其余等候客户和无关人员不得凑近正在办理业务的柜口。

三、设施设备

1. 设施设备维护。网点内的各类设施、设备等均必须经有关部门检测合格方可投入使用；大堂经理、保安人员和柜面人员负责设施设备的日常管理、使用及清洁，对于设施设备的维护和保养则需由有权部门或经有权部门指定的商家、人员负责，任何人不得随意改造、处置。

2. 自助设备维护。加强自助设备的日常巡检，发现异常情况立即报告并及时排查，确保自助设备安全有效运行，方便客户使用。

四、环境卫生

按照本行营业网点环境卫生标准，及时维护、加强检查，保持明亮整洁、舒适温馨、简洁便利和规范有序的服务环境，提升客户服务感受。保证环境整洁，设施正常，秩序井然，营造良好的营业服务环境。

五、日终巡视

1. 营业终了，营业结束时，及时协助客户完成业务办理，做好清场工作。

2. 关闭营业大厅内叫号机、点钞机、显示屏等夜间无须使用的电子设备。

3. 应及时清理补充各类单据凭条和宣传资料。

4. 整理维护营业厅各项设施设备，确保符合规定要求。

5. 做好网点布控工作。

微课：网点厅堂日常管理

任务三　银行网点特殊事件处置

一、系统故障

营业期间，突然遇有系统故障不能对外营业时，服务窗口要放置系统故障、暂停营业指示牌，柜面人员和大堂经理一方面积极向客户做好解释工作，另一方面积极向科技部门和上级行反映，请求尽快恢复正常营业。

二、挤兑处置

网点若发生挤兑或挤兑苗头时，对外务必保持正常营业状态，镇定应对，同时立即报告上级行，启动应急预案，迅速调拨现金和资金，疏导客户支付，耐心做好客户咨询，维持营业秩序，尽快化解挤兑。

三、客户投诉

柜面人员接到客户投诉或问题反映，应认真倾听，换位思考，适当致歉，缓解客户情绪，遇到情绪不稳定的客户，应引导客户到洽谈室或其他相对封闭区域，予以安抚。了解事实真相后，在自身能力和权限范围内尽量当场给予解决，如无法当场解决的，应留下客户联系方式，立即反映给有权部门协调解决，并跟踪处理流程和结果，及时向客户进行反馈。

四、媒体采访

遇有新闻媒体工作人员来本行网点欲对营业人员采访时，大堂经理应热情接待，针对其采访要求，说明未经批准不能接受采访的原因，一般不随意回答问题，并建议婉拒拍照、摄像以及采访客户。

五、其他特殊情况

如遇柜面与客户发生争执、客户生病或意外受伤等特殊情况，网点人员应沉着冷静，态度诚恳，平息客户情绪，化解矛盾。在不违反制度前提下，应坚持“以客户为中心”原则，迅速调解处理争执，避免扩大影响。

六、注意事项及风险提示

1. 网点是银行向客户提供服务的主要场所，也是不法人员对银行或客户实施诈骗和其他犯罪行为的重点目标。各岗位人员必须严格执行服务规范和管理规定，提高警惕性和责任心，增强预防犯罪的能力，消除风险隐患。

2. 营业柜口办理业务时必须按照“面对面”“一对一”“不间断”“交本人”的要求，柜员必须目视客户签字和接收卡、折、USB Key 及单证。客户办理业务时，必须按有关规定核验身份，并确认为其本人；对于必须由客户本人办理的业务应禁止他人代办。对开户、网银、解挂等高风险业务应该指定熟悉规定和操作的业务骨干人员办理。

3. 银行网点原则上不允许其他单位人员常驻办公或服务，如因合作确有需要，应报经分行行长审批同意，并在协议中明确驻场单位及人员的相关义务和责任。对于合作单位人员常驻网点办公或服务的，应加强管理，并要求合作单位必须指定人员，佩戴专用证照（标明单位名称、服务事项），在桌面上放置明显标识。

4. 全行员工尤其是客户经理必须无条件、自觉遵守有关营业管理规定，跨行办理业务应主动登记，确有特殊情况应主动说明。银行员工凡不遵守有关营业规定且劝告无效的，一律按违规处理。

微课：银行网点突发事件处置

测验 6：银行网点日常管理

模块二　银行网点人员管理

【主要内容及学习目标】

本模块主要介绍商业银行网点各岗位人员的管理，通过本模块的学习，要求学生掌握以下几个方面的目标能力：

1. 了解银行网点人员管理的主要内容；
2. 掌握银行网点各岗位的基本要求；
3. 掌握银行网点各岗位的工作内容。

任务一　网点负责人行为管理

网点负责人是银行网点最重要的角色，是网点各项工作的第一责任人和组织者，其职责定位主要是“抓管理、带队伍、促发展、保平安”。规范网点负责人的行为，有利于发挥其“领头羊”的核心作用，有效促进整个网点的规范化管理。

下文以某银行为例来阐述网点负责人行为管理的主要内容。

一、每日例行工作

1. 每日营业前，检查与落实网点服务管理的各项标准化要求，包括网点的服务环境、员工的仪容仪表、劳动纪律等。

2. 负责本网点文件的管理，每日及时传达和组织贯彻上级行发布的最新文件精神、重要指示和工作要求，确保政令畅通。

3. 制定和督促本网点的考勤员对网点各岗位人员做好考勤登记工作，并对权限内请假进行审批。

4. 每日对网点的客户服务情况和风险控制情况进行检查，确保良好的客户服务质量和网点的安全运行；组织客户经理或大堂经理对网点的 VIP 客户进行维护管理。

5. 每日接到各种渠道反馈的客户投诉后，网点负责人要迅速判断投诉的等级，如果是重大投诉，网点负责人必须上报所属的上级行，并在报告中写明投诉内容、调查情况、原因分析、纠正预防措施；如果是一般投诉，网点负责人应该立即组织大堂经理、客户经理对客户做好解释和协调工作，如客户对解决办法不满意，要立即上报所属上级行。

6. 组织并督促员工每日营业结束后清理工作场所，整理营业机具和柜面办公物品，检查用电、用水情况，关闭非营业用电、用水，避免失火隐患，并防止浪费。

7. 每日营业结束后，登记“网点负责人日志”（见表 3.1），内容重点是：当日班前会、员工劳动纪律、客户服务及客户投诉处理、风险控制、特殊业务和特殊时间处理、请示及上级行答复等情况。

表 3.1　　网点负责人日志

网点名称：　　　　　　　　　　日期：　　年　　月　　日

姓名：	工作岗位：
本日主要工作安排完成情况及其小结：	
本日班前会情况：	
本日员工劳动纪律情况：	
本日客户服务及客户投诉处理情况：	
本日风险控制情况：	
特殊业务和特殊事件处理情况：	
业务请示及上级答复情况：	
本日未了事项及下一步工作安排：	

二、每周例行工作

1. 每周至少主持一次网点班前会。

2. 每周至少检查一次网点标准化用品和营业机具的使用情况，对不符合规范或出现破损的用品和出现故障的营业机具要及时向上级行申请更换。

延伸阅读：网点负责人工作记录表示例

3. 每周至少进行一次网点尾箱、重要印章、重要空白凭证及机具的检查，并记录“营业网点柜台管理查库登记簿”（见表 3.2），确保网点的现金及各类重要单证、印章及机具等重要物品账实相符、账账相符、账证相符。

表 3.2　　营业网点柜台管理查库登记簿

网点名称：　　　　日期：　　年　　月　　日　　　　单位：元（份、张）

查库人	姓名：		证件名称及号码：		
	姓名：		证件名称及号码：		
现金			重要单证	重要物品	审核意见

续表

<table>
<tr><td colspan="3">实际库存现金</td><td colspan="4">实际库存数量</td><td rowspan="11"></td><td rowspan="11"></td></tr>
<tr><td rowspan="2">币别</td><td colspan="2">金额</td><td>单证名称</td><td>数量</td><td>单证名称</td><td>数量</td></tr>
<tr><td>完整券</td><td>损伤券</td><td></td><td></td><td></td><td></td></tr>
<tr><td>人民币</td><td></td><td></td><td></td><td></td><td></td><td></td></tr>
<tr><td>美元</td><td></td><td></td><td></td><td></td><td></td><td></td></tr>
<tr><td>港元</td><td></td><td></td><td></td><td></td><td></td><td></td></tr>
<tr><td>欧元</td><td></td><td></td><td></td><td></td><td></td><td></td></tr>
<tr><td>英镑</td><td></td><td></td><td></td><td></td><td></td><td></td></tr>
<tr><td>日元</td><td></td><td></td><td></td><td></td><td></td><td></td></tr>
<tr><td></td><td></td><td></td><td></td><td></td><td></td><td></td></tr>
<tr><td></td><td></td><td></td><td></td><td></td><td></td><td></td></tr>
<tr><td></td><td></td><td></td><td></td><td></td><td></td><td></td><td rowspan="4"></td><td rowspan="4">保管人
签字：</td></tr>
<tr><td></td><td></td><td></td><td></td><td></td><td></td><td></td></tr>
<tr><td></td><td></td><td></td><td></td><td></td><td></td><td></td></tr>
<tr><td></td><td></td><td></td><td></td><td></td><td></td><td></td></tr>
<tr><td colspan="3">核查情况：</td><td colspan="4">核查情况：</td><td>核查情况：</td><td>核查人
签字：</td></tr>
</table>

4. 每周至少进行一次营业网点安全管理工作检查，并填写“营业网点安全管理检查评分登记表”（见表 3.3）。

表 3.3　　营业网点安全检查评分登记表

网点名称：　　　　　　　　　　　　　　　　日期：　　年　　月　　日

项目	考核内容	检查方法	评分标准	标准分	扣分	扣分	扣分原因
一、贯彻落实安全管理工作的情况	1. 专人负责对安全管理工作做宣传发动； 2. 结合网点实际，制订安全工作计划或措施； 3. 落实安全工作责任，包括签订“营业网点治安保卫责任书”“保安员治安保卫责任书”； 4. 及时报送安全工作组织实施、检查、整改的相关资料； 5. 及时传达贯彻上级行最新案件防查、安全管理的制度、通报、通知、指示； 6. 每周至少在一次会议上分析本网点的风险点及安全管理工作	查看会议记录、会议纪要、责任书及相关资料	1. 有一项工作没达到要求的扣2分； 2. 有2项工作没达到要求的扣4分； 3. 有3项（含）以上工作没达到要求的扣5分	5分			

续表

项目	考核内容	检查方法	评分标准	标准分	扣分	扣分	扣分原因
二、整改及自查自纠情况	1. 对检查发现问题进行整改； 2. 对自查自纠工作，每周有一次班前会进行专题分析总结	查看会议记录、会议纪要、整改记录及相关资料	1. 完全无整改的每项扣3分； 2. 正在整改非客观原因未能完成的每项扣2分； 3. 不能举一反三整改，重复犯错的，每次扣4分； 4. 能根据检查首次发现的问题或上级行通报的问题，对本网点进行自查并整改类似问题的加2分，整改多项的加4分（分值不足以抵扣的，扣完为止）	8分			
三、日常安全管理情况	营业网点是否建立安全员档案，安全员是否按规定（班前、班后）进行检查，检查是否有记录	查看档案及“网点日常安全情况登记簿”	1. 无设立档案的扣1分； 2. 无履行检查的扣1分； 3. 发现问题未及时整改的扣1分	2分			
	营业网点大门、通勤门、后门管理符合规定	现场检查	1. 大门口卷闸门不上锁的扣2分； 2. 无专人管理的扣1分	2分			
	营业网点出入门、二道门钥匙是否实行A、B角垂直交叉管理，交接是否登记	现场检查，查看“营业网点钥匙交接登记簿”	1. 无专（双）人保管的扣2分； 2. 无垂直交叉管理的扣2分；无登记扣0.5分	2分			
	非本营业网点人员进入营业间的管理	现场检查，查看“非本网点工作人员进入营业间登记簿”	1. 无登记扣3分； 2. 三证不齐、缺一证扣3分； 3. 登记不清缺项扣1分； 4. 外单位人员进入时无陪同1次扣2分； 5. 无批准1次扣1分	3分			
	防卫器械管理	现场检查	1. 配置数量不达标或不正常未立即上报扣1分； 2. 位置摆放不合理每项扣1分	1分			
	营业网点是否建立110联网报警系统的档案及闭路电视监控系统档案	查看档案资料	缺任何一个档案的扣1分	1分			
	110联网报警测试每月不少于两次，发现故障要及时报修，员工更要熟悉相关操作	查看记录及现场询问员工	1. 测试次数不足的每缺1次扣3分； 2. 员工不懂操作的每1人次扣1分； 3. 记录不规范的扣0.5分； 4. 发生故障不及时报修的扣2分	3分			

续表

项目	考核内容	检查方法	评分标准	标准分	扣分	扣分	扣分原因
三、日常安全管理情况	建立防抢、防盗、防骗、防火、防挤兑、押运、防群体性冲击等处置预案，每年组织不少于两次演练，演练必须有记录	查看资料及演练记录	1. 每缺一个预案扣3分； 2. 预案内容不具体，缺一项扣1分； 3. 演练每半年1次，每少1次扣2分； 4. 缺一项扣1分； 5. 记录不详扣1分； 6. 员工不熟悉每人/次扣1分。不倒扣	3分			
	ATM、营业厅大门口是否实行24小时（12小时制式）不间断录像；柜台营业时间是否实行6小时制式营业全程录像	现场查看	1. 缺一项扣1分； 2. 录像无故中断每次扣2分	2分			
	监控设备管理	现场检查并查看“电视监控、防盗报警系统维修维护登记簿”	1. 无专人管理扣1分； 2. 无上锁扣1分； 3. 擅自调整摄像位置扣1分； 4. 维护监督不严扣1分、无记录扣1分； 5. 发生故障不及时报修扣1分	2分			
	（使用模拟录像的营业网点）专管人员每天班前（班后）有无按时开（关）机，及时更换录像带，交接时间、运行情况记录是否清楚、准确	现场检查，查看“网点日常安全情况登记簿”	1. 无按时开机、关机1次扣4分（模拟录像）； 2. 无更换录像带1次扣4分（模拟录像）； 3. 无检查记录1次扣2分，记录不清1次扣2分	4分			
	（已安装硬盘录像的营业网点）专管人员每天班前（班后）对硬盘录像是否及时检查，回访效果是否清晰，录像资料是否漏录，记录是否清楚、准确	现场检查，查看“网点日常安全情况登记簿”	1. 无及时检查的1次扣2分； 2. 记录不清的1次扣2分	4分			
	录像资料有无按日期顺序存放，是否保持一个月以上	现场检查	1. 模拟录像带存放无序扣0.5分； 2. 保持时间不足扣1分	1分			
	网点负责人每月不少于两次检查录像资料，并做好记录	查看记录	1. 少检查1次扣3分； 2. 无记录1次扣2分； 3. 记录不清1次扣1分	3分			
	保安防卫器具有无离身；防卫器具交接有无登记（保安下班后要将警械交回营业网点负责人或安全员保管，次日上班时再交接给保安）	查看记录	1. 离身的扣1分； 2. 无交接登记的扣1分。不倒扣	1分			

续表

项目	考核内容	检查方法	评分标准	标准分	扣分	扣分	扣分原因
三、日常安全管理情况	营业网点保安员有无配合押运人员在警戒区域协助维持秩序	查看录像资料	1. 无协助警戒的扣1分； 2. 参与清点、搬运的扣1分。 不倒扣	1分			
	尾箱（凭证）的交接是否在“二道门”内，并在监控镜头摄像范围下进行；营业网点当班柜员有无认真检查、核对押运公司人员证件，有无出入记录	查看录像资料	1. 不在“二道门”内或不在摄像范围内交接的扣2分； 2. 无检验核对证件扣2分； 3. 无登记扣1分。 不倒扣	2分			
	有无设立义务消防队（不少于营业网点员工总数的30%），并按规定建立办公楼及营业网点的消防档案	查看记录	无义务消防员名册的扣2分，缺少1人扣1分，无消防员档案扣1分，档案不完整扣0.5分，不倒扣	2分			
	员工是否熟悉灭火器、防毒面具的使用，是否掌握救火、灭火、逃生的方法	抽查询问员工	不熟悉的每人次扣1分，不倒扣	1分			
	按规定配足灭火器、防毒面具和应急照明灯，摆放位置合规、合理，每半月至少检查一次；消防设备及器材有无被挪用或遮挡	现场检查	1. 配置数量不达标或不正常未立即上报扣2分； 2. 位置不合规、不合理每处扣1分； 3. 无检查记录1次扣1分； 4. 消防设备及器材被挪用的扣1分； 5. 被遮挡的扣1分； 6. 应急照明灯每少安装1盏扣1分； 7. 不正常的每盏扣0.5分	2分			
	易燃易爆物品（发电机等）是否按规定存放、是否安全，有无存放备用汽油	现场检查	1. 存放位置不合理扣1分； 2. 有安全隐患或存放备用汽油的扣2分	2分			
	营业网点、办公楼走火通道是否通畅，通道及出口是否有明显的“通道指示标志”“出口指示标志”；重点防火部位（各类机房、档案室、营业间）是否有“防火标志”	现场检查	1. 有障碍物扣1分； 2. 无标志或疏散标志不明显未及时上报整改扣1分	1分			

续表

项目	考核内容	检查方法	评分标准	标准分	扣分	扣分	扣分原因
三、日常安全管理情况	消防系统（烟感、消防栓、喷淋系统）每天运行情况是否有记录，发现故障时是否及时报障	查看“消防控制中心设备运行情况记录簿”及设备	1. 无消防系统运行情况记录扣2分； 2. 消防系统故障与报障不及时扣2分； 3. 无记录扣1分； 4. 记录不清楚扣0.5分	2分			
	用火、用电是否执行管理规定	现场检查	1. 营业区内使用明火或大功率电器做饭的扣2分； 2. 乱拉乱接电线及电器、燃气设备维护管理不到位存在隐患的扣2分	2分			
	营业网点、办公楼的废旧杂物是否定期进行清理	现场检查	1. 废旧杂物无定期清理的扣1分； 2. 清理无记录扣0.5分； 3. 堆放零乱没有实行集中存放管理的扣1分	1分			
	切实加强安全防范，遏制案件和重大违规事件、重大安全责任事故，确保安全运行	依据有关检查情况、通报及有关事实	1. 发生案件的每宗扣15分； 2. 发生重大违规的每起扣10分。 可倒扣	1分			
四、行务公开	是否对营业网点的重大事项及各项费用使用情况进行公开	听取员工反映，查阅资料	1. 未按要求公开有关项目的，每缺1个扣2分； 2. 公开不及时的，每次扣1分； 3. 公开内容笼统不全面的，每次扣1分； 4. 公开内容不能到达应知人员的，每次扣2分。 不倒扣	6分			
五、行为排查	每季度对全体员工组织开展不良行为排查	查阅行为排查资料、台账、记录	1. 未按要求组织行为排查的，每少1次扣3分； 2. 排查未覆盖全体员工的，每缺1人次扣2分； 3. 未建立排查台账的扣2分； 4. 排查发现不良行为并及时采取措施控制风险、排查隐患的加2分，排查多个隐患的加3分； 5. 网点排查未能发现风险隐患而被上级行排查发现的扣5分	8分			

5. 每周举行周例会，检查每周工作进度，填写周总结表（见表3.4）。

表3.4　　周总结表

网点名称：　　　　日期：　年　月　日

填写人			填写日期	
原计划目标				
实际达成目标	电话联系客户总数：__个；有效联系客户数：__个；达成意向（OPP）客户数量：__个；成交客户数量：__个；完成业绩：__；其他方面：__			
成交客户列表				
序号	成交客户名称	成交金额	成交日期	客户服务要求
合计				
意向（OPP）客户列表				
序号	OPP客户名	OPP机会概率（%）	客户需求概述	进展记录
本周收获（业绩、技能、经验等）：				

三、每月例行工作

1. 实行“营业网点每月例会制度”，每月对网点的服务情况、工作计划及措施的落实情况进行分析总结，并听取网点员工对业务发展、内部管理和改进服务的意见，对存在问题提出整改措施，将总结会的措施计入“网点负责人日志”。

2. 每月至少全面检查网点优质服务工作一次，检查面覆盖到每一个细节，并填写“营业网点服务管理评分登记表”（见表3.5）。

表 3.5　营业网点服务管理评分登记表

网点名称：　　　　　　　　　　　　　　　　日期：　　年　　月　　日

考核项目		评分标准（扣分标准）	分值	责任人	得分
网点环境管理（30分）	外部环境（10分）	未定期对营业网点外部环境进行例行清洁，机构标识、所牌、营业时间牌等发现损坏或严重污垢	2分	网点负责人	
		营业时间牌标明的时间与网点对外营业时间不一致的，使用不规范方式更改营业时间牌内容	2分		
		宣传海报、宣传横幅的张贴、悬挂不符合规定，在网点内外墙、玻璃窗（门）上乱张贴	2分		
		营业期间门窗卷闸外露，玻璃门未保持关闭及未粘贴统一防撞条	2分		
		网点停车凌乱，遮挡正门或柜员机，外部环境不整洁	2分		
	内部环境（9分）	营业厅内摆放杂物或标准配置以外设施	2分		
		营业柜台内外环境未能做到清洁、明亮、通透（如门窗、桌椅、花草、柜员机、补登折机有灰尘，地面有纸屑）	3分		
		营业厅必须设置的标准配置不齐全（如客户点钞机功能不正常）	2分		
		有条件的网点未按规定安放“一米线”等设备	2分		
	工作区内环境（11分）	营业柜台未使用统一服务标识（包括窗口标识、窗口提示牌）	2分		
		营业柜台内摆放与工作无关的物品，必备的办公用品摆放不当	2分		
		营业柜台上摆放电话机	2分		
		私人物品带入工作区，在墙壁、玻璃、文件柜乱张贴，在客户视线内摆放衣物、雨具、茶杯、食物、报纸等杂物	2分		
		工作区内张贴不符合银行VI规范	3分		
员工服务形象管理（40分）	服务形象要求（40分）	员工未能做到精神饱满、态度亲切、微笑服务	5分	员工当事人	
		员工着装不符合要求（穿着行服，男员工系领带，女员工扎领结）	5分		
		上班时间未按规定佩戴工号牌	5分		
		发型、装饰不符合规定	5分		
		办理业务时举止、姿态不正确，行为不得体	5分		
		使用语言不当，不符合文明用语规定	5分		
		不自觉遵守劳动纪律和职业道德（如打私人电话、聊天、嬉笑打闹、上班吃东西、吸烟、唱歌、看报等）	5分		
		未能做到个人及工作场所环境保持整洁并及时清除杂物	5分		

续表

考核项目		评分标准（扣分标准）	分值	责任人	得分
服务过程管理（30分）	服务时间要求（14分）	个人账户的人民币正常存取款业务未按规定时间完成	2分	员工当事人	
		个人账户的开户、销户、换折、转存等业务未按规定时间完成	2分		
		到账查询、咨询、投诉处理未按要求马上处理，已承诺解决时间的未按时答复	2分		
		ATM现金用完未在规定时间内补充，客户前来领取吞卡时未按要求处理	2分		
		柜员交接班未按规定时间完成，交接班期间未保证不少于一个柜台正常营业	2分		
		未严格遵守中心金库的尾箱收发时间，扰乱押送时间安排	2分		
		网点服务设施损坏、故障未按规定及时修复	2分		
	服务质量要求（16分）	未按规定实行“首问责任制”	2分	员工当事人	
		未按规定举行晨会，未做好上班前各项准备	2分		
		客户临柜时未按规定要求进行接待	2分		
		未按规定要求办理业务	2分		
		未按规定要求回答客户咨询	2分		
		未按规定要求处理业务差错和客户意见	2分		
		未按规定要求送别客户	2分		
		未按规定要求使用电话（接听电话必须使用：“您好，我是××银行，有什么能帮助您?”）	2分		

3. 每月至少登门拜访或者电话联系若干高端客户，征求对本网点服务工作的意见，一方面沟通感情，另一方面做好详细的客户拜访或联系的工作记录，便于分析、掌握、及时满足核心客户群体的各种服务需求，并填写“高端客户拜访联系情况登记表”（见表3.6）。

表3.6　　营业网点高端客户拜访联系情况登记表

网点名称：　　　　　　　　　　　　　　　　日期：　　年　　月　　日

客户姓名	客户级别	时间	访谈方式	访谈地点	访谈内容	营销产品
本月共访谈了____个不同的高端客户，合计访谈____次						

4. 每半个月查看营业网点录像资料一次，记录“营业网点录像监控情况记录本”（见表3.7、表3.8），出现异常情况要及时记录，并彻底追查。

表3.7　　营业网点录像监控情况记录本（1）

营业网点名称：

年　月　日	监控系统使用、检查									备注
	班前：开机/运行检查			模拟系统换带			班后：开机/运行检查			
	时	分	操作人	时	分	操作人	时	分	操作人	

表3.8　　营业网点录像监控情况记录本（2）

营业网点名称：

年　月　日	110联网报警布撤防						监控、报警系统检测、保养及安全防护设施情况	有无发现安全隐患	负责人或安全员签名	备注
	撤防			布防						
	时	分	撤防人	时	分	布防人				

5. 每月月底，根据本月工作情况填写“营业网点月度PDCA工作小结表”（见表3.9），内容包括：本月计划执行情况，本月工作应肯定之处、存在问题、经验教训、改进措施及下月工作计划等，并对本月营业网点经营管理工作进行自我评价，该表上报上级行一份，留存一份。

表3.9　　月度PDCA工作小结表

营业网点名称：　　　　　　　　　　　　日期：　　年　　月　　日

流程	具体情况
D 上月计划执行情况	是否按计划执行？（请选一项在前面方框中打“√”） □完全执行　　　　□部分执行　　　　□未执行 未执行的事项包括：1. 2.
C 上月工作自查情况	闪光点：1. 2. 存在问题：1. 2. 经验教训：1. 2.

续表

流程	具体情况
A 改进措施	1. 2.
P 下月计划	1. 2. 3. 4. 5.
自我评价 （A 级、B 级或 C 级）	自评结果： 理由：
上级行负责人考评 （含评级、积分和 百分制评分）	考评结果： 理由：

四、每季度、半年或全年例行工作

1. 根据上级行的工作部署和业务发展计划，结合本营业网点的实际，制订年度工作计划（含半年及季度分解的工作计划），并推动计划实施。

2. 每季度组织一次员工业务知识与业务技能培训或竞赛活动。

3. 按年度或按指定的考核周期对营业网点员工进行工作业绩考评。

4. 每半年对营业网点全体员工进行一次家访，了解员工工作生活情况，帮助员工解决实际困难，对员工的不良行为进行排查。

5. 制订营业网点突发事件应急处置预案，每半年组织员工进行一次演练。

6. 每年与员工签订“营业网点治安保卫责任书”，督促员工、保安做好报警、通信设备、监控设施、消防器材的使用、操作、管理、保养维护及规范登记工作；指定营业网点兼职安全员，指导其做好网点日常安全管理工作，并定期检查安全员的工作记录。

任务二　会计主管行为管理

会计主管是营业网点柜台风险控制的主要角色，在柜台业务管理中具有相对独立性、权威性和专业性。规范会计主管的工作行为，有利于落实内控制度，控制营业网点柜台业务风险。

下文以某银行为例介绍会计主管行为管理的主要内容。

1. 对网点会计岗位人员和业务处理过程进行实时监控，监督柜员的工作流程，观察柜员的操作行为，发现违规现象立即纠正；监控重点放在重点业务、特殊业务、关键环节、重点时段、重要岗位人员上；保证每天不少于 60% 的时间用于对柜员经办业务过程的实时监控。

2. 每天上午营业前，检查系统打印的工前文件，落实营业网点主机系统的签到，每旬至少一次检查和督促清理本外币应解汇款、汇出汇款、应收应付款项、待处理结算款项、在途现金、在途单证等内部账户；监控柜员尾箱、柜员钱箱（袋）库存限额；按规定的频率检查所有柜员现金、有价单证、重要空白凭证，保证账实相符。

3. 检查柜员中午是否碰库，营业终了尾箱是否双人（综合会计员、柜员）复点、双人上锁、双人封箱，并认真做好检查记录。

4. 监督柜员的班前交接，检查现金尾箱的交接程序和环节；检查柜员的重要单证、印章、重要机具及物品是否按规定使用保管，临时离岗是否入箱上锁，日终是否装箱上锁入库（或保险柜）保管。

5. 督促柜员保管好自身的密码及工作卡并定期或不定期更改密码，检查柜员临时离岗时，是否退至登录画面；监督柜员执行“章、证、押（压）”分管制度；监督综合会计员复核、授权情况。

6. 检查在用印鉴卡的保管使用情况，定期核对在用印鉴卡；检查各种对账落实情况，督促指定对账人员按时回收对账回单；检查各类会计档案的整理装订和保管情况；检查、规范相关登记簿的登记；每天落实营业网点主机系统签退工作。

7. 接受会计督导员的监督指导，配合内外部业务检查、审计，对存在的风险隐患，及时采取防范措施，对存在问题及时组织整改。

8. 定期向上级会计管理部门报告营业网点会计管理及风险防范存在的问题，并组织整改。

9. 对业务处理过程中遇到的新情况、新问题或超出职权范围的问题，及时报告上级行。

10. 会计主管负责组织柜员业务培训，配合网点负责人做好柜员思想教育。包括：

（1）制订柜员学习计划，完成学习检查和测试，保证学习培训效果。

（2）利用班前会或班后会，总结上一工作日（或当日）业务处理情况和存在的安全隐患；布置工作任务，提出工作要求及应注意的风险防范要点。

（3）传达上级行新文件精神和工作部署，对柜员进行遵纪守法、职业道德和行为规范方面的教育，提高柜员执行规章制度的自觉性。

（4）组织柜员学习最新的制度规定、新业务操作规程，练习新上线的系统操作，提高柜员业务水平和操作技能。

（5）对个别接受能力不强、自学有困难的柜员进行有针对性的辅导，帮助其提高业务素质和操作技能。

11. 会计主管不得经办前台接柜、记账、现金收付款等交易性操作业务，尽量将风险较小、程序化、双人复核类的工作授权给综合会计员，但制度规定的授权或复核，会计主管必须承担。

12. 会计主管必须逐日登记“会计主管工作日志”（节假日、非当班日除外，休假期间由定岗人员负责填写），内容包括当天柜员柜台业务开展的基本情况、重要岗位分工调整情况、职责范围内授权或审批情况，发现的重大或异常问题以及有待日后处理的工作事项等。

延伸阅读：会计主管的工作职责与权限

13. 每月（每季）向上级行会计管理部门报送上月（上季）会计主管工作小结，内容包括：上期对风险防范、柜台管理（包括印章管理情况、上门服务情况、岗位制约机制情况、重要岗位轮换情况、尾箱、金库、现金调运管理情况是否落实到位）、员工培训、思想教育等方面采取的措施，措施实施的效果，存在的问题，拟采取的措施，对上期存在问题的整改情况，工作建议等。

任务三　客户经理行为管理

强化客户经理的工作行为管理，能够提升网点客户关系管理水平，增强网点个人银行业务的市场竞争力，促进银行盈利水平的提高。

1. 每天在“客户经理工作日志”上登记需在当天处理的工作事项，并安排好处理时间和方法。

2. 每天上网查看邮件、文件、财经信息等，并整理一些常用信息，发送给有需要的客户。

3. 每天进入 VIP 客户系统，查看所在网点 VIP 客户的业务变动情况，是否低于或高于期初水平，并关注资金变动大的客户，及时沟通，了解客户需求。

4. 每天与部分大客户或潜力客户进行电话沟通，了解客户对本网点服务的满意度，并告知客户——本人是他（她）的客户经理，能为其提供优质服务，希望得到他（她）的支持，以后多加联系；同时，在客户档案中做好电话联系记录。

5. 每天当有大客户或者潜力客户光临网点时，应主动招呼客户，与客户沟通，客户经理还要密切关注在贵宾室 VIP 窗口办理业务的客户，主动与客户接触，进行自我介绍（派发名片），并告知客户能为他（她）办理其他非现金业务。

6. 根据大客户的需求、特点以及结合上级行制订的整体营销计划，营销银行各类金融产品。

7. 对客户建立提醒服务、定期问候、特色活动等服务机制。

微课：客户经理行为管理

任务四　大堂经理行为管理

大堂经理是营业网点负责维持大堂正常秩序与解答客户咨询的重要工作角色。规范大堂经理的工作行为，给予客户准确的指引，可以充分利用网点各区域的服务功能，优化网点内部的客户差别化服务，从而提升银行网点的客户服务水平。

下文以某银行为例讲解大堂经理行为管理的主要内容。

一、营业前的工作

1. 巡视营业厅的卫生状况，确保各类设施（包括利率牌、公告牌、指示牌、护栏、宣传资料架、书写台、点/验钞机、自助设备、垃圾桶、绿化物等）摆放整齐清洁。

2. 检查业务凭条、表格、书写工具、宣传资料等，确保数量充足，品种齐全，及时更新宣传橱窗、公告牌、指示牌、宣传资料架等公告内容。

3. 开启所有对外服务设施，确保其正常运行。

二、营业中的工作

1. 站立等候 5 ~ 10 分钟迎接开门营业后第一批进入营业网点办理业务的客户，并用当地语言或普通话向客人问好："早上好！"如遇外籍客户，则用英语问候。

2. 主动迎接进入网点的客户，进行有效疏导。先用当地语言或普通话询问："先生/女士，您需要什么帮助?"然后根据情况用最方便客户的语言与客户沟通，了解客户需求，为其提供帮助。

3. 维持大堂秩序，引导客户在相应业务窗口等候，避免排长队，提高客户服务效率。

4. 根据客户需求积极营销各类银行产品和服务，为客户办理部分非现金业务。

5. 受理客户投诉，听取客户意见，解答客户咨询，当网点其他人员与客户出现争执苗头或不易处理的问题时，因及时协调，控制客户情绪，以倾听、隔离、调解等方式解决问题。

6. 主动与客户沟通，熟记客户姓名，接待时应适当称呼其姓氏、职务或尊称，向客户介绍新业务、新信息，与客户建立良好关系。

微课：大堂三件事

7. 及时清理大堂内客户留下的纸屑等杂物，及时补充宣传资料、书写工具、凭条等，保持大堂整洁卫生，各项服务设施正常运行。

8. 遇诈骗、抢劫、火灾等突发事件，应配合保安进行处理，无法解决时，应及时上报网点负责人或相关人员处理。

微课：大堂经理行为管理

三、营业后的工作

营业终了，将当天工作情况登记在大堂日志上。

任务五　柜员行为管理

柜员是网点柜台服务的具体操作者，也是营业网点负责人和会计主管管理的主要对象。柜员工作质量的好坏，直接影响到整个网点的对外服务形象，也影响到网点风险管理水平的高低，因此，规范柜员日常工作行为非常重要。

下文以某银行为例讲解柜台行为管理的主要内容。

一、营业日始

1. 营业机构营业前准备。网点柜员应提前到达网点，做好营业前准备。

2. 双人签到。系统登录网络后，进入签到画面，由一个会计主管（或具有会计主管级别的其他人员）、一个柜员双人进行营业网点签到，柜员进入柜台签到画面，进行柜员签到。

3. 打印资料。营业前接收并打印主机传送的账务资料，打印系统自动入账凭证、账页和报表，将系统自动入账凭证、账页和报表进行整理装订、归档保管，实现会计账表电子化管理后无须打印系统自动入账凭证、账页和报表，需要查阅时可通过计算机进行查询，该项工作随后台数据集中度加大，大量资料可由后台完成。

4. 核对凭证、账务。

（1）检查日结登记文件是否正确，做出相应处理，并由风险经理签章确认；

（2）核对计算机自动对账的结果；

（3）核对系统清算结果；

（4）检查稽核清单，并交风险经理签章确认。

二、财务核算

1. 客户提交有关会计凭证。根据发生的会计事项取得或填制会计凭证，并审核、确认会计凭证的真实性、正确性、完整性和合法性。

2. 按不同业务种类，选择系统操作画面，按计算机提示将会计凭证的要素输入计算机。具体处理程序如下：

（1）非实时复核的付款业务。

①现金付款业务按照“柜员受理—柜员审核—柜员验印—柜员记账—柜员付现金—综合员审核、验印、事后复核”的程序办理；

②转账付款业务按照“柜员受理—柜员审核—柜员验印—柜员记账—柜员签发回单—综合员事后审核、验印、复核”的程序办理。

（2）实时复核的付款业务。

①现金付款业务按照“柜员受理—柜员审核—柜员验印—柜员记账—柜员初点现金—综合员审核、验印、复核、复点现金大数—柜员付现金”的程序办理；

②转账付款业务按“柜员受理—柜员审核—柜员验印—柜员记账—综合员审核、验印、复核—柜员签发回单”的程序办理。

（3）授权额度以上的付款业务。

①现金付款业务按“柜员受理—柜员审核—柜员验印—综合员审核、验印—柜员记账—柜员初点现金—风险经理实时授权、复核、复点现金大数—柜员付现金”的程序办理；

②转账付款业务按“柜员受理—柜员审核—柜员验印—综合员审核、验印—柜员记账—风险经理实时授权、复核—柜员签发回单”的程序办理；

受理大额付款业务时，须经风险经理审核授权签字后方可办理。

（4）非实时复核的收款业务。

①现金业务按照“柜员受理—柜员审核—柜员收款—柜员记账—柜员签发回单—综合员事后审核、复核”的程序办理；

②转账业务按照“柜员受理—柜员审核—柜员记账—柜员签发回单—综合员事后审核、复核”的程序办理。

（5）实时复核的收款业务。

①现金收款业务按照“柜员受理—柜员审核—柜员收款—柜员记账—综合员实时审核、复核、复点现金—柜员签发回单”的程序办理；

②转账收款业务按照“柜员受理—柜员审核—柜员收款—柜员记账—综合员实时审

核、复核—柜员签发回单”的程序办理。

（6）授权额度以上收款业务。

①现金收款业务按照“柜员受理—柜员审核—柜员收款—柜员记账—风险经理实时审核、复点现金、授权、复核—柜员签发回单”的程序办理；

②转账收款业务按照“柜员受理—柜员审核—柜员记账—风险经理实时授权复核—柜员签发回单”的程序办理。

3. 综合柜员制的复核。需复核的业务，按照复核额度办理实时复核或非实时复核；超过授权额度，需有权人授权，否则，计算机拒绝交易。

审核的主要内容如下：

（1）凭证的记账日期与经济业务发生时间是否吻合，有无延误、积压和其他问题，印鉴是否相符；

（2）用于替代记账凭证的原始凭证，必须具备记账凭证的要素，按照结算办法规定由银行填制的凭证，日期、种类、金额等栏目是否正确齐全；

（3）提交交换的票据是否及时、正确，有无延误、积压；

（4）贷款指标通知的财政级别、主管部门、管理机构、贷款种类必须列清，累计数相符；

（5）确定会计分录是否正确，同一会计事项借贷方是否相符等；

（6）审核是否有与规章制度不符的其他问题；

（7）牌价、币种的对应关系是否一致；

（8）存款账户间的转账结算是否先记付款账户，后记收款账户；

（9）受理收款单位（个人）提交的他行的付款凭证，是否已在本行办妥收款手续，受理时应在进账单回单上加盖“票据受理专用章”；通过票据交换提回本行的付款凭证不能支付时，是否在规定的时间内退票。

当日营业开始，有关账户是否首先支付前一工作日到期的定期代收款项，当日对外营业时间内受理的收、付款结算凭证，必须当天处理完毕。

微课：忙时三处理

三、日终

1. 柜员日终轧账处理。柜员轧账时，应停止办理对外业务，根据复式记账借贷发生额平衡原理，对当日处理的业务分别在各个子系统、会计系统逐一进行轧账，具体处理流程如下：

（1）子系统轧账。

①查询子系统是否有未复核记录；

②子系统随轧处理；

③打印子系统轧账单（柜员、网点）；

④核打借贷方记账凭证发生额，与柜员轧账单科目借、贷发生额进行核对；

⑤按已核对签章的子系统柜员轧账单，按科目借、贷发生额录入会计系统相关科目集中户，记账时涉及现金可不配钞。

（2）会计系统轧账处理。

①查询时是否有未复核记录；

②清点库存现金、重要单证，核对现金和重要单证是否账实相符；

③柜员进行平衡轧账；

④柜员轧账不平时，由柜员打印柜员流水进行查找，找到原因后进行有关账务处理；

⑤柜员检查会计系统柜员现金尾箱是否超出限额，如超出限额柜员应与龙头柜员在同一系统内进行现金调配，龙头柜员应办理返纳。

2. 综合会计员核对账务。综合会计员复点柜员现金、重要单证，确保账实相符，并在柜员轧账单上签章；日终各柜员结余重要单证随同现金装入尾箱，柜员与综合员双人双锁封箱，放保险箱或网点库房保管；柜员平账后，应将当前工作状态置“营业结束”标志，置结束标志后柜员只可进行打印、查询处理，不能进行账务处理，柜员如需重新进入系统进行账务处理，需由风险经理置“恢复营业”标志。

3. 营业机构日终轧账处理。

（1）子系统。

①执行机构轧账；

②机构签退。

（2）会计系统。

①核对过渡性账户（为实现柜员平账专设的过渡账户）余额是否为零，检查“集中结算业务往来户”（用于集中结算业务，集中点与开户行之间的往来核算）每笔业务是否正常销账，发现异常及时处理；

②检查柜员营业状态，确定所有柜员已处于“营业结束状态”；

③执行机构轧账；

④打印机构轧账单、现金收付清单，核对柜员日终轧账单的借、贷发生额合计数与机构日终轧账单的借、贷发生额是否一致，核对柜员现金尾箱余额累计与机构现金余额是否一致，核点凭证张数是否与柜员记账流水一致，核对无误后在机构日终轧账单上签章；

⑤检查总账科目平衡关系；

⑥机构签退。

微课：柜员行为管理

任务六　保安行为管理

保安是银行网点的安全保卫人员。规范其工作行为，对保障网点的人员、资金和财产安全非常重要。

一、守卫操作

1. 提前做好上班准备，按规定着装、佩戴装备和填写各类交接登记表。

2. 执勤时，巡视或站立值班。

3. 佩戴装备要规范。执勤期间警棍不离身。

4. 主动维护营业厅秩序，遇有客户询问时，应与客户身体保持一定距离，解答询问要简单清楚，用语文明，但不准代客户办理业务。

5. 主动维护网点大门口秩序，保持出入畅通，当押运车辆到达、离开时，主动协助押运人员维护秩序并实施警戒。

6. 维护好二道门的安全，凡非本网点人员进入营业间，必须严查三证，督促其在“非本网点工作人员进入营业间登记簿”上登记；未经网点负责人批准同意，任何人不得入内。

7. 保安不准进入营业间，监控值班室在营业间内的，经网点负责人同意后方可进入；不准携带二道门钥匙。

8. 严防抢劫、盗窃、诈骗、火灾等案件的发生，有案件发生时应机智勇敢，按照应急预案进行果断处置。

9. 维护好办公大楼的秩序，对来访人员要询问清楚，并与有关人员联系，确认无误后方准进入。

10. 值班时不准看书报、杂志，不得饮酒、吃东西，不得长时间使用电话，不得擅离职守，不得办理与执勤无关事项。

11. 要经常对 ATM 进行巡查，在早、中、晚和节假日应增多巡查次数，一旦发现 ATM 损坏或有不法分子张贴误导客户的广告时，应立即向网点负责人报告，情况严重的应向公安机关反映。

12. 每天营业结束时，保安要清场，关闭营业厅大门，认真检查卫生间、楼梯、库房等隐蔽处，确认无异常情况后，关闭电源、锁好门窗、布防后撤离值班岗位。

13. 按时参加网点组织的班前会、班后会和安全保卫工作例会，及时反映网点安保管理存在的问题。

二、技防操作

1. 保安必须熟悉监控报警器材的性能、作用和特点，熟练掌握其操作、保管和保养方法，学会一般故障的排除，管好用好各种设备。每月至少 2 次对 110 联网报警系统、应急报警系统进行测试，并做好测试记录。

2. 保安值班工作交接时，要检查控制操作台、监视器、录像器、电源开关、线路、备用电源等设备是否处于正常状态，每天按时开、关机。

3. 始终保持监控值班室的整洁，不得有杂物和存放过多的私人物品；任何人不得在监控室从事娱乐或与执勤无关的活动，无关人员一律不得进入监控室。

4. 监控视频资料按顺序存放在专用柜内，应保存 30 天以上；只有网点负责人或上级行领导、相关部门因工作需要时可以查看监控视频资料，非本行人员查看监控视频资料必须经过相关审批程序审批。

5. 重点观察营业室和出入金库人员，发现可疑情况，应立即通知现场负责人并向上级领导报告。

6. 夜间执勤时要对监控部位进行检查清场，确认无异常情况后，对监控区域封闭和布防，发生警报时及时查明原因并向上级报告。

7. 执勤时应在“网点日常安全情况登记簿”上详细记载监控系统开、关机时间，监控系统使用、检查情况，110 联网报警系统布（撤）防情况，防护设备检测、保养、运行情况，有无发现安全隐患等。

8. 做好技防设备的维护保养，定期对摄像枪、报警探头进行检查、调试和清洁，每天对设备进行检查、擦拭，发现问题查明原因后及时排除；属机械故障无法排除时，报请专业技术人员维修，并在“电视监控、防盗报警系统维修维护登记簿”上将保修项目进行详细记录。

测验 7：银行网点人员管理

模块三　银行网点风险管理

【主要内容及学习目标】

本模块主要介绍银行网点的风险识别方法和风险管理措施，通过本模块的学习，要求学生掌握以下几个方面的目标能力：

1. 了解银行风险的概念；
2. 了解银行网点常见的风险；
3. 掌握银行网点常见风险的控制措施。

任务一　银行网点风险概述

对风险的定义，长期以来没有一个统一的界定，比较典型的定义是不确定结果导致的损失可能性。

银行风险主要是指在银行的经营活动中，由于受事前无法预料的不确定性因素的影响或未来的实际情况变化与预期不相符，致使其实际获得的收益与预期收益发生背离，从而导致商业银行蒙受经济损失。

按照巴塞尔协议的内容，商业银行风险可以分为信用风险、操作风险、市场风险、流动性风险、国家风险、声誉风险、法律风险和战略风险。

1. 信用风险。信用风险是指交易对象无力履约的风险，也即债务人未能如期偿还债务造成违约，而给经济主体经营带来的风险。

2. 操作风险。操作风险是指由于不完善或有问题的内部程序、人员、计算机系统或外部事件所造成的损失的风险。

3. 市场风险。市场价格波动引起的资产负债表内和表外头寸出现亏损的风险。

4. 流动性风险。商业银行流动性风险，是指银行无力为负债的减少或资产的增加提供融资的可能性。

5. 国家风险。国家风险是指经济主体在与非本国居民进行国际经贸与金融往来中，由于别国经济、政治和社会等方面的变化而遭受损失的可能性。

6. 声誉风险。声誉风险是指重大的负面公众评价所带来的资金和客户损失方面的风险。

7. 法律风险。法律风险是指由于违法违规或对决策、经营、操作的合法合规性评估失误而可能造成损失的风险，以及因对上述失误法律后果认识不足、处理失当而可能扩大损失的风险。

8. 战略风险。战略风险是指商业银行在追求短期商业目的和长期发展目标的系统化管理过程中，不适当的未来发展规划和战略决策可能威胁商业银行未来发展的潜在风险。

任务二　银行网点风险识别

银行网点风险是上述商业银行八大类风险在营业网点的具体体现，其中操作风险是银行网点面临的最主要的风险，指由于人员因素、内部流程、系统缺陷和外部事件导致网点发生经营损失的可能性。

一、人员因素风险识别

人员因素引起的网点风险是指由于网点员工的行为不当（包括无意行为和故意行为）给网点带来损失的情况，具体包括操作失误、违法行为、越权行为等几种情况。

1. 操作失误。这种风险是由网点员工业务操作过程中的非主观失误造成的，如数字输入错误、忘记复核等。由银行网点员工操作失误引起的风险一般具有损失小（当然不排除特殊情况）、发生频率高、难以事先预测和非员工故意行为的特征，因而更加难以防范。

［案例］

客户王某于2022年1月将9万元现金存入某银行网点。2022年5月，王某翻存单时，发现存款数大写是“玖仟元整”，小写是“9万元”。王某要求银行网点将大写玖仟元予以更正，遭到拒绝，后王某将网点告上法院。法院依据《最高人民法院关于审理存单纠纷案件的若干规定》的有关规定：持有人以在样式、印鉴、记载事项上有别于真实凭证，但无充分证据证明系伪造或变造的瑕疵凭证向金融机构要求兑付的，持有人应当对瑕疵凭证的取得提供合理的陈述。如金融机构不能提供证明存款关系不真实的证据，或仅能证明金融机构底单的记载内容与上述凭证的记载内容不符并以此为由进行抗辩的，应认定持有人与金融机构间存款关系成立，金融机构应当承担兑付款项的义务。据此规定，法院判决银行败诉，王某的权益得到了维护。

很明显，本案的发生是因为银行网点员工的操作失误（没有核对存单上的大写与小写金额），从而引起客户与银行的法律纠纷，并最终给银行造成损失。当然，对柜台操作人员监督、管理不到位，也是本案发生的重要原因之一。值得注意的是，当纠纷发生时，银行网点并没有及时采取相应的补救措施，而是断然回绝储户的要求，以致银行在输了官司的同时，其声誉也受到了损害。

2. 违法行为。银行网点员工所具有的信息、身份优势为其进行违法活动提供了可能，而且由于员工的“内部人”身份，其内部作案更加难以防范。由员工违法行为导致的风险包括：挪用客户资金、欺骗（内部员工欺诈和内外勾结欺诈）、蓄意破坏银行声誉、洗钱、偷窃银行财产（实物财产和知识产权）等。

视频：银行柜员“马大哈”储户十万变百万

[案例]

一储户经人介绍，到农业银行某网点办业务，但是接待他的银行柜员却偷偷进入转账程序，并骗取其输入密码，竟私自将该储户账户内的800余万元全部转入他人账户。经起诉后，银行被判决赔偿储户巨额损失。

该案件为银行网点工作人员利用工作便利，违反存取款操作流程，擅自将借记卡内款项转入他人账户。除此之外，内部人犯罪的形式还有非法发放贷款、伪造金融票据、挪用银行贷款等情况。银行网点应当制定完善的业务规范，并严格遵守规范，尽可能避免风险，确保储户的存款安全，维护储户的合法权益。

3. 越权行为。网点员工越权行为导致的风险是指员工滥用职权，对客户交易进行误导或者支配超出其权限的资金额度，或者从事未经授权的交易等，致使银行网点发生损失的风险。具体包括滥用授权、超过限额、超越交易规则、超越岗位职责等。

视频：浙江：勾结银行员工盗取储户存款

[案例]

澳大利亚国民银行4个外汇交易员越权进行外汇交易，并在发生巨额损失后，制造了大量的虚假交易，结果窟窿越来越大，直到另一个交易员对他们的这笔交易产生怀疑并报告内部风险管理官时该事件才被发现。而此时损失已经高达3.6亿澳大利亚元。

银行员工越权行为造成的操作风险往往非常隐蔽，不易防范，从而给银行带来巨大损失，甚至使银行陷入破产倒闭的境地。值得注意的是，除了员工越权这一因素之外，这类风险的发生在很大程度上还在于银行的监督管理不到位。因此，加强对银行操作人员的监督管理，尤其是对其授权、岗位职责的执行情况加强监督检查就显得尤为重要。

二、内部流程风险识别

流程因素引起的网点风险是指由于业务流程设计不合理或流程没有被严格执行而造成损失的风险。流程因素分为业务流程设计不合理和流程没有被严格执行，后者又可以分为实际操作中遗漏或忽略流程、增加不必要的步骤两种情况。

1. 流程设计不合理。业务流程设计不合理不仅影响银行的经营效率，流程中的漏洞还有可能被不法分子利用，从而给银行造成损失。

[案例]

某银行网点根据与客户达成的上门收款协议，派工作人员上门收取客户的存款，并在客户交接本上签写了现金包数和数额。回行后发现数额不对，少于客户交接本上的数额。第二天，网点打电话通知客户，客户未作反应。网点按照实际现金数额向客户签发了进账单。一个月后，该客户以银行在双方交接簿上签发的数额向人民法院提起诉讼，要求该商业银行以该数额承担本息的返还义务。在辩护过程中，该银行以当事人签订的协议为依据，主张客户如对数额有异议，应在一个星期内查看银行录像，客户如未有异议则视为同意，银行是按协议办事，并由查点该客户现金封包的银行员工出庭作证。该客户则以银行网点经办人签收的数额和银行未对其提出异议为由主张自己的权利。法院认为，因银行录像带已销毁，且银行通知客户为电话通知，客户通过电话对存款数额口头承诺而无法举证，故最终判决该商业银行按客户交接本上签收的数额承担向客户支付本息的义务。

本案的发生主要是因为银行网点上门收款业务流程设计不合理。在上门收款业务中，网点采用回行之后清点金额的方式，此时客户不在场，发现问题不能及时解决。而银行的有效证据——录像资料仅保存一个月，一旦客户在一个月后提出异议，就会处于一种被动地位。

2. 流程执行不严格。流程执行不严格导致的风险主要包括在业务执行过程中缩减步骤和随意加插不必要的人员或程序两种情况。

[案例]

某公司在某银行网点贷款2400万元，其中1200万元以该公司所有的100亩土地作抵押，另外1200万元由于欠缺手续，尚未来得及办理他项权证。该贷款发放不久后，该公司法人代表出车祸死亡，经营活动停止。该笔贷款中的1200万元因无抵押物而处于高风险状态。

本案例是内部流程执行不严造成的操作风险。该银行网点没有严格执行授信管理规定中“先落实抵押手续，后放款”的规定，造成了无法挽回的损失。

三、系统缺陷风险识别

银行网点高度依赖电子化系统运行，系统的良好运转是保证网点正常运营与发展的基本条件，因此系统因素给网点带来的风险不容忽视。系统因素引起风险的情况可以分为系统失灵或瘫痪、系统本身的漏洞以及客户信息安全性。

[案例]

某商业银行在为计算机系统升级作准备时调整了系统参数表，使得全国范围内的数个营业网点出现系统故障，业务停办长达3.5个小时，给客户和银行造成了损失。

本案是典型的系统升级造成系统瘫痪，导致数据传输不畅造成损失的操作风险。银行系统稳定与否不仅关系到银行的正常运营，而且关系到储户利益的维护。因此，对于那些可能导致系统失灵的情况，如系统升级、系统瘫痪等，要建立应急应对措施。在日常过程中要对重要数据进行备份，制订应急预案。

四、外部事件风险识别

银行网点的经营都是处于一定的政治、社会、经济环境中，经营环境的变化、外部突发事件都会影响到网点的经营活动，甚至产生损失。外部事件引起网点损失的范围非常广泛，包括外部欺诈/盗窃、外部突发事件和外部经营环境的不利变化。

1. 外部欺诈/盗窃。外部人员的蓄意欺诈行为是给银行网点造成损失最大、发生次数最多的风险之一。外部人员精心设计的骗局和陷阱常常令网点防不胜防。

[案例]

王某为海参养殖户，想在福建海域包海进行大规模养殖，由于投资资金缺乏，于是王某想到了向银行贷款。恰好在这个时候，某银行网点推出了一项针对水产养殖户的贷款业务，该业务为“三三联保”型，即符合贷款条件的三个主体，可以互为担保人，审核通过后三方分别可以贷款300万元，贷款成功后三方总共可以获得900万元的资金。王某感觉银行的这个业务正好能解决自己的燃眉之急，但是一比照条件，自己如果想贷款的话缺少保证人，于是王某想到了自己家里的亲戚，让他们伪造贷款所需要的文件，共骗取了3组贷款，合计2600万元。王某及其亲戚并无还款能力，导致银行的贷款收不回来。

外部人员的恶意犯罪行为往往给银行造成巨大损失。外部欺诈具有不易预测的特点，银行网点只有通过转变思想、转换机制、内部练功、提高素质、加强内部控制来积极防范和化解风险。

2. 外部经营环境变化。外部经营环境变化引起的风险是指银行监管法规、政策或者银行网点的合作者、相关资源供应商的突然改变使网点经营受到影响，并发生损失的风险。

[案例]

近年来，银行“飞单”案例不时曝出，出现了误导销售、未经授权代理销售、私自销售产品以及与合作机构风险责任不清等问题。为进一步规范商业银行代理销售行为，保护投资者合法权益，银监会于2016年印发了《关于规范商业银行代理销售业务的通知》。

该通知要求商业银行对销售人员及其代销产品范围进行明确授权，并在营业网点公示；商业银行应按照银监会有关规定在专门区域销售，销售专区应当具有明显标识；商业银行在营业网点或官方网站提供查询代销产品信息的渠道；禁止商业银行未经授权或超越授权范围开展代销业务，假借所属机构名义私自推介、销售未经审批的产品，或在营业区域内存放未经审批的非本行产品销售文件和资料等。

3. 外部突发事件。外部突发事件可能导致银行网点经营的突然中断，并因此引起损失。由于这类事件的不可预测性，网点的日常经营活动中建立应急准备以保持业务经营的连续性就显得非常必要。这类突发事件包括自然灾害、外部人员的犯罪行为（与上面的诈骗不同，这里强调没有预谋的突发性犯罪行为）。

［案例］

疫情期间各行各业均会受到不同程度的影响。银行网点在疫情暴发期也会受到很大的冲击，主要表现为存取款、理财等柜面业务量急剧下降。

微课：银行网点柜面操作风险

任务三　银行网点风险管理实践

一、人员因素风险管理实践

网点人员因素导致的风险通常是由银行内部管理、监督上存在漏洞造成的。网点负责人作为网点安全运行的第一责任人，为防范此类风险，应在加强内控建设和强化管理上下功夫。

1. 加强内控建设，牢固树立合规经营、内控优先的理念，尤其要做到有章可循，有章必循，违规必究，执规必严，切实落实安全运行的各项要求；与会计主管配合，做好柜面风险控制管理工作，积极组织网点员工开展“四自”工作（自查、自纠、自律、自愈），切实提高网点全体员工的风险防范能力。

2. 完善监督检查机制，重点是交叉检查和关键点检查。所谓交叉检查是指部门与部门之间、岗位与岗位之间对各项手续、文件进行交叉检查。所谓关键点检查是指对以下四个关键点进行检查：关键人（岗位主管、要害岗位在职人员）、关键部门（柜台、安保等）、关键物件（现金、密钥、印章、重要空白凭证）、关键工作五环节（交接手续、审批程序、电脑操作口令、存取手续和票据清算环节等）。

3. 加强与网点员工的沟通和交流，掌握员工的思想动态和社会交往情况，尽早发现其不良企图和作案动机，将他们的犯罪行为扼杀在萌芽状态。在此过程中要做到“三个留心”。

一是留心员工的工作态度，对客户的询问是否耐心解答，与客户谈话的语气是否生硬冷淡，是否工作积极、爱岗敬业、办事认真，责任心强、工作质量高。

二是留心员工的精神状态，是否精神恍惚，无精打采，或工作时思想不集中、反应迟钝、举止失态。

三是留心员工的日常言论，是否发表一些对工作、对领导、对银行的方针政策不满的言论，是否频繁讨论关于炒股、炒房、经商的事情，是否有盲目追求和向往高收入、高消费的想法，是否谈论关于“黄、赌、毒”之类一些不健康的话题等。

二、流程因素风险管理实践

防范流程因素导致的网点风险，关键就在于严格落实各项规章制度，严格执行各项业务流程，既要消除那种忽略某个业务流程的做法，又要避免那种随意添加业务流程的行为。为此，银行网点需要建立起强有力的监督检查制度。

三、系统因素风险管理实践

系统稳定与否不仅关系到银行网点的正常运营，而且关系到储户利益的维护。因此，对于那些可能导致系统失灵的情况，如系统升级、系统瘫痪等，要建立应急应对措施。在日常过程中要对重要数据进行备份，制订应急预案。此外，提高系统维护、监控人员的技术水平，也是防范此类问题的有效措施。

新业务的推出需要相应的交易系统配合，系统漏洞和系统失灵会影响到新业务的开展甚至给网点带来损失。因此，需要对新业务的交易系统进行全面而深入的检测、试验，以发现系统中存在的问题，避免损失和纠纷的发生。同时，要对新的、不成熟的交易系统进行监控，以便随时发现并解决问题。

四、外部事件风险管理实践

外部事件具有不易预测的特点，银行网点只有通过转变思想、转换机制、内部练功、提高素质、加强内部控制来积极防范和化解风险。

1. 银行在日常的经营管理中树立风险意识，时刻提高警惕，时刻保持对突发事件的敏感性，从思想上重视可能发生的风险，对相关事宜常抓不懈，切断意外事件发生的根源。

2. 建立切实可行的应急方案。人员、数据、业务要有相应的备份，保证突发事件发生后，网点经营活动的正常运转。

3. 各个岗位要严格贯彻执行各项措施、步骤，保证应急方案真正发挥效用，从而降低损失。

微课：突发事件应急预案

模块四　银行网点绩效管理

【主要内容及学习目标】

本模块主要介绍银行网点的绩效管理体系，以及银行网点各岗位的考核方式。通过本模块的学习，要求学生掌握以下几个方面的目标能力：

1. 了解银行网点的绩效管理体系；

2. 掌握银行网点员工的考核方式。

任务一　银行网点绩效管理基础

一、绩效管理的原则

商业银行绩效管理必须符合一定的原则，才能起到良好的激励作用，从而使绩效管理“公平”“合理”“客观”。

1. 信息沟通原则。绩效管理最好能由被考核者依照规定的标准和方法，先进行自我评估，然后再与考核者进行互相沟通。这样，考核者不致忽略或抹杀了被考核者的贡献，也可得知更多关于被考核者的信息。而被考核者通过这种方式可以知道什么事情该做，该如何做，并据以改进。这种充分的双向沟通方式能使绩效考核工作落实得更好。

2. 激励性原则。一般而言，报酬是绩效的函数，以报酬为激励是现代化商业银行网点不可缺少的管理机制。因此，绩效考核制度的激励作用是相当重要的。如果绩效管理具有良好激励效果，则可以大大调动被考核者的主观能动性，从而发挥其潜能，最终使银行网点经营效益得到全面提升。

3. 客观性原则。在绩效管理时，常常须凭借第三者或专家，以其超然独立的立场，或其精湛胜任的能力加以判断。如果能以客观的立场评估优劣，以公平的态度评估得失，以合理的方法量度业务，严密处理，使绩效管理工作不受人为因素——主观、成见及不胜任等的影响，这样的考核结论才具有较高的说服力。

4. 对比性原则。数字是评价银行网点经营绩效相对较佳的衡量工具，但缺乏比较基准的数字资料没有任何意义。网点盈余高低或亏损多寡，必须与其过去记录、预算目标及同业水平等加以比较，才能显示出绩效的优劣。因此，在考核绩效时，应有一定的基准资料，与银行网点实际经营结果所产生的数字加以比较分析才有意义。

5. 责任性原则。在对被考核的银行网点进行奖惩之前，应首先确定责任的归属；确定责任时，则须辨明是否在被考核单位权责范围之内，并且是否为该单位可控制事项。在评定绩效时，应将被考核单位所无法改变的外在影响因素剔除，才能真正使绩效管理工作更加公平合理。

6. 时效性原则。为了能及时了解银行网点的营运状况，应对网点的绩效及时加以考核，并对有关人员根据绩效贡献大小予以奖惩，方有助于业务的改进、扩大与发展。

二、绩效管理的方法

商业银行绩效管理传统方法有沃尔评分法、坐标图评价法、雷达图评价法、杜邦分析评价法、A 记分绩效评价法、财务报表结构指标评价法、相对值指标绩效评价法等。随着现代数学、统计学和运筹学等相关学科的快速发展和实际应用，可采用单变量模型评价法、多变量模型评价法等现代客观绩效管理方法，并可进行平衡记分卡、经济增加值评价法、等级制度评价法等绩效管理方法创新的实践。从当前商业银行绩效管理实践看，较常采用的考核方法是目标完成情况考核法和百分（或双百分）完成情况考核方法。下文以某商业银行为例进行说明。

1. 目标完成情况考核方法。这是指对被考核单位下达相关计划目标将实际完成情况与计划目标进行比较，以评估银行网点绩效高低的方法。其方法步骤主要是：

首先，事前主要是年初，根据商业银行发展战略和不同时期的工作重点下达明确被评估网点绩效管理指标、考核指标数量和质量目标要求，以及目标完成不同程度的绩效高低评判标准以及奖惩幅度。

其次，在绩效管理时，应通过各种渠道和方法收集、计算各绩效管理指标的完成实绩。

最后，将各绩效指标完成实绩与对应目标要求相比较，计算出目标完成程度。据此判断评价绩效高低，以及给予相应的奖惩。

2. 百分（或双百分）完成情况考核方法。这是将需考核的绩效指标设置成一百分或两百分，将绩效管理指标实绩按权重计算出实绩得分，据此判断绩效高低的考核方法。其方法步骤主要是：

首先，根据不同绩效管理指标在银行网点经营与管理活动中的重要性程度设置不同的权重，并明确各项绩效管理指标的计划要求以及不同计划完成程度的评判标准，据此组成一百分或两百分。在一百分考核方法下，将所有绩效指标按一百分总值进行权重分解。在两百分考核方法下，一般将业务发展设置为一百分，将质量管理设置为另外的一百分，并分别将相关考核指标进行权重分解。

其次，计算各绩效管理指标的实际完成情况，并将实际完成情况按考核标准计算出各项绩效管理指标的计划完成程度。

最后，将各项绩效管理指标的计划完成程度与相应的权重相乘，得出每项绩效管理分值。然后将各绩效管理分值加总，得出被考核网点绩效管理的总分。在双百分绩效管理方法下，可将业务发展与质量管理总分进行算术平均方法求得绩效管理总分，或采用加权算术方法求得绩效管理总分，分值越高说明绩效越高，若平均总分值低于一百分，则说明该网点的总体绩效未达到预定的计划要求。

在绩效管理判断过程中，不同的绩效管理指标有不同的方向性判断方法，对一些增长性、发展性绩效管理指标，如利润总额、存款总额、中间业务收入总额等，则是越超过计划或目标要求，说明绩效越高；反之，则说明绩效越低。对一些监测性、控制性绩效管理指标如成本总额及其比率、不良贷款总额及其比率、案件发生件数等指标，则是越低于计划或目标要求，说明绩效越高；反之，若突破计划或目标要求，说明不仅没有绩效而且是一种浪费或损失，严重的甚至会危及银行网点安全、持续运行。

三、绩效管理结果处理

通过对银行网点绩效实绩的考核，可以得出绩效高低的结果，对绩效管理结果，除从中总结先进经验，吸取失败教训外，更主要是要落实相应的奖惩措施，使绩效管理真正起到激励先进、鞭策后进的作用。绩效管理结果的奖惩措施可分被评估单位团体奖惩与班子个体奖惩两个层次进行落实贯彻。

绩效管理结果在被考核单位团体奖惩层次上可与以下五个方面进行挂钩，一是与可提取工作奖金总额相挂钩，根据不同的绩效结果设定不同的工作奖金提取比例，使绩效高的单位能提取更多的工资奖金，绩效低的单位只能提取很少的工资奖金。二是与可开支费用总额相挂钩，根据不同的绩效结果设定不同的费用开支比率或总额，绩效越高可开支的费用总额就越多；反之，则越少。三是与管理权限大小相挂钩，这包括授信管理权限、资金管理权限、财务管理权限、人事管理权限，绩效越好，上述管理权限就越大；反之，则管理权限就越小。四是与网点增撤相挂钩，对一些绩效不断提高的银行网点，允许鼓励其扩充相应的规模，对一些绩效不高，甚至绩效不断下降的网点，应缩减其相应的规模，以提高营业机构的经营效益。

延伸阅读：银行基层网点绩效考核评价中存在的问题与对策

绩效管理结果在被评估单位班子个体奖惩层次上可与班子成员的工资奖金多少、福利待遇高低、职务升降、职称评聘相挂钩，促使班子成员努力提高所在银行的评估绩效。

任务二　银行网点绩效管理的指标选择

一、综合效益状况评价指标

1. 资产利润率 = 利润总额/资产平均总额 ×100%。该指标表示银行网点全部资产的创利水平，全面反映其获利能力和投入产出情况。该指标越高，表明该网点投入产出的水平越好，资金营运越有效。资产利润率是评价盈利能力的主要指标。

考核口径：就银行网点来说，影响其盈利水平的核心因素主要有利息收入、利息支出及呆账准备金的提取。因商业银行按权责发生制进行核算，账面的利息收入并不是其真正的利息收入水平，当期的表内应收利息收入增加部分并没有真实的现金流量，所以这部分虚增的利息收入应从当期账面利润中扣除；相反，如果考核期内大量应收未收的利息收入转变为现实的利息收入，从而使当期表内应收未收利息余额下降，则下降部分应加入当期账面利润中。由于应付利息的提取直接表现为银行的利息支出，所以该因素也对银行网点的账面盈利产生着非常直接的影响。按照目前财政部的规定，银行活期存款的应付利息应按存入日的利率水平提取，定期存款的应付利息应按存入日的定期存款利率水平提取。但现实情况是，由于核算技术及其他方面的原因，不少商业银行往往做不到按照存款存入时的利率水平提取，有的采取按综合提取率提取的方法。总之，能否按规定提足应付利息，对银行网点当期盈利水平的真实性有着非常重要的影响。

同样的道理，呆账准备金的提取也是一个重要的影响因素。从发展方向看，当商业银行出现呆账时，应足额提取呆账准备，财政部也已经提出了相关的规定。综合考虑以上几种主要因素，利润一般等于账面利润加（减）表内应收利息减少（增加）部分，加（减）应付利息多提（少提）部分，加（减）呆账准备金多提（少提）部分，加（减）其他调整因素（异常因素形成的非正常的支出和收入项目）。

2. 人均利润率 = 利润/职工人数。该指标反映的是银行网点每一名职工的平均创利能力，它综合反映了网点的员工素质、服务对象、服务质量和运转效率，是反映网点经营管理水平的主要指标，同时也是评估银行网点获利能力的重要指标。

考核口径：利润口径同上，职工人数考核其月均从业人员，可包括正式员工、在册代办员、一行两制人员等。

3. 收入利润率 = 净收入/利息收入。该指标反映了总利息收入可以带来多少净利润，是体现银行网点支出水平的主要指标。

4. 收益成本比 = 营运成本/营业收入。它直接反映银行网点经营者取得收入所花费的营业成本。该指标可以用来判别经营成本的高低，数值越低说明成本费用控制得越好。

考核口径：营运成本是指损益表中的营业费用加上其他营业支出项下的折旧、招待费、宣传费、其他支出；营业收入是指损益表中利息收入减表内应收未收利息净增、金融企业往来净收入、投资收益、手续费收入、汇总收益、其他营业收入之和。

5. 利息回收率 = 本期实收利息/到期应收利息。在银行网点的全部收入中，利息是最为重要的，也是占份额最大的，利息回收率是反映网点获利能力的一个重要指标。

考核口径：实收利息口径同上，应收利息为实收利息加年内表内应收未收利息增加额。

6. 贷款综合收益率 = 本期实收利息/贷款月均余额。

考核口径：实收利息是指年内利息收入余额扣除年内表内应收未收利息增加额，贷款月均余额是指资产负债表中 12 个月贷款的平均数。

7. 无息资产率 = 无息资产平均余额/资产平均余额。

考核口径：无息资产是指全科目会计报表中的现金、其他应收款、固定资产、累计折旧、固定资产管理、在建工程、长期待摊费用、无形资产、待处理资产、其他资产等科目余额之和的月均余额。

延伸阅读：商业银行网点效益评价探讨

二、资产安全状况评价指标

资产安全的综合评价既是整个监管过程的重要环节，同时也是商业银行自己进行风险预警的重要依据。根据考核结果，对银行网点所存在风险的性质、特性、严重程度及发展趋势，做出及时、客观、全面的判断和评价。资产质量直接影响着金融机构的流动能力和盈利能力，最终也影响其清偿能力和可持续发展及生存能力。

（一）贷款五级分类

中国人民银行从 1998 年 5 月开始试行贷款风险分类指导原则，指导原则采用贷款风险分类的方法，按照风险程度，将贷款分为五类。

1. 正常贷款（Pass）。借款人能够履行合同，没有足够理由怀疑贷款本息不能按时足额偿还。

2. 关注贷款（OAEM，Other Assets Especially Mentioned）。尽管贷款人目前有能力偿还贷款本息，但是存在一些可能对偿还贷款本息产生不利影响的因素。

3. 次级贷款（Substandard）。借款人的还款能力出现明显的问题，依照其正常收入已无法保证足额偿还本息，即使执行担保，也可能造成一定的损失。

延伸阅读：贷款五级分类风险提示

4. 可疑贷款（Doubtful）。借款人无法足额偿还本息，即使执行抵押或担保，也肯定要造成较大损失。

5. 损失贷款（Loss）。在采取所有可能的措施和一切必要的法律程序之后，本息仍然无法收回，或只能收回极少的部分。

（二）贷款五级分类的两个重要界限

1. 关注与次级——贷款不良与否的界限。次级类贷款的划分，要抓住“明显缺陷”这一特征，借款人的还款能力出现明显的问题，依照其正常收入已无法保证足额偿还本息，即借款人的当前净值、还款能力或者抵押品不能充分保证贷款的偿还，即使执行担保，也可能造成一定的损失。从“潜在缺陷”到“明显缺陷”，贷款的风险和质量是一个从量变到质变的过程，这也是区别银行贷款质量是优良还是不良的本质特征。

2. 可疑与损失——损失程度的划分。可疑贷款的划分要充分考虑到“有严重缺陷”这一重要特征，即借款人不能足额偿还贷款，即使执行担保，仍有较大损失，但损失程度仍不能最终确定。而损失类贷款是在采取所有可能的措施和一切必要的法律手段之后，本息仍不能收回，或只能收回极少部分。在具体操作中，可疑和损失贷款的区分是非常重要的，它是衡量银行贷款是否损失及损失程度的一个重要界限。

（三）资产安全状况评价指标

根据以上原则，对资产安全状况的评价采取以下主要指标：

1. 不良贷款比率 = 不良贷款/各项贷款余额 ×100%。该指标用于评价银行网点贷款综合管理水平，全面反映贷款质量状况及面临的风险。一般而言，不良贷款率越低，资产流动性就越强，网点盈利水平越高，资金营运越安全；反之则相反。

考核口径：不良贷款是指银行网点信贷资产质量情况表中的“次级贷款 + 可疑贷款 + 损失贷款”，各项贷款余额是指信贷资产质量情况表中的各项贷款余额。

2. 损失贷款比率 = 损失贷款/各项贷款余额 ×100%。该指标也反映银行贷款质量状况，是不良贷款的补充指标。该指标越高，银行面临的风险越大；反之则相反。

3. 新增不良贷款率 = 新增不良贷款额/新增贷款累计发生额 ×100%。考核口径：新增贷款累计发生额是指某一时点新增加的贷款累计额，不包括期初贷款余额；新增不良贷款额是同期发放的贷款所形成的不良贷款余额。

三、资产流动状况评价指标

1. 现金资产比率 = 现金资产/资产总额 ×100%。现金资产是库存现金、在中央银行存款、同业存放款项以及托收中现金资产等项目的加总。一般认为，该比率能够反映商业银行应付日常提存、结算及法定准备金要求而产生的流动性需求能力。现金资产比率应保持在一定的适度区间中，过高会影响银行的流动性，过低则会降低银行的盈利资本。

延伸阅读：取消存贷比对商业银行带来怎样的影响?

2. 存贷比率 = 贷款余额/存款余额 ×100%。对银行来说，用于发放贷款的资金来源应是长期稳定的，一般以存款吸收的资金用于贷款发放。贷存比率越低，反映银行贷款的资金来源越稳定；比率越高，预示着银行流动性越差，因为相对稳定的资金来源而言，银行贷款越多，银行可用资金越少。但该比率过低将损失超额流动性的机会成本，过高则不能满足银行的流动性需求，因此这个指标应在一定的适度范围内。

3. 流动比率 = 流动资产/流动负债 × 100%。流动比率是衡量流动资产抵偿流动负债能力的通用比率，该指标越高，表明银行流动资产流转得越快，支付能力越强。但须注意，该指标若过大，则说明资金利用效率低，对银行的经营也不利。比率过低，银行将不能达到银行流动性需求能力，因此，流动比率也应保持在适度的范围内。

四、发展能力状况评价指标

1. 营业收入增长率 = （本年营业收入 − 上年营业收入）/上年营业收入 × 100%。该指标是衡量银行网点状况和市场占有能力、预测银行网点经营业务拓展趋势的重要标志，也是银行网点支撑耗费的重要前提，不断增加的营业收入是网点生存的基础和发展的条件。指标值越高，表明增长速度越快，市场前景看好；反之则相反。但在实际操作中，应结合银行网点历年的营业收入水平、市场占有情况、行业未来发展及其他影响银行网点发展的潜在因素进行前瞻性预测，或结合前 3 年的营业收入增长率做出趋势性分析判断。

2. 中间业务收入占比 = 中间业务收入/营业收入 × 100%。随着银行改革的深化及商业银行中间业务的不断发展，该指标日益成为评价银行经营状况和盈利能力、预测银行经营业务拓展趋势的重要标志。指标值越高，表明增长速度越快。非利息收入增长率超过营业收入增长率，则表明银行拓展中间业务势头强劲。

考核口径：中间业务收入一般是指损益表中的中间业务收入、汇兑损益、其他营业收入科目之和。

3. 人均新增存款 = 人均存款净增额/职工人数。该指标主要反映存款业务的增减变化，如果该指标越大，说明存款业务发展好。该指标是评价银行成长状况和发展能力的重要指标之一。

延伸阅读：中间业务收入

五、内部管理状况评价指标

内部管理状况指标是评价指标体系中的定性指标。银行网点的内部管理是银行管理中一项非常重要的内容，是市场主体强化管理的自律行为。金融监管、市场纪律约束、内部控制是金融业稳健发展的三大支柱。健全的管理和内控是金融监管工作的基础，是规范金融机构经营行为、有效防范金融风险的关键，是实现利润最大化和风险最小化、提高经营水平的重要保障，也是衡量金融机构经营管理水平的重要标志。因此，在对收益、风险及发展能力评价的同时，必须评价其管理的稳健性，其中主要是内部管理水平。

商业银行内部管理评价的主要指标包括以下几个。

（一）管理层基本状况

考察网点管理者的知识结构、经营管理能力、决策水平、廉洁自律、敬业精神、团结协作等。一家银行网点运营好坏，在很大程度上取决于管理层的决策和执行。因此，对管理层的评价是内部管理状况评价的一个重要组成部分。

（1）管理层做出的决策是否与金融机构制定的政策、目标和计划相一致。

（2）是否制定了对重大事项明确、成文的决策程序，是否按规定的程序进行决策，做出的决策是否符合法律法规。

（3）是否定期召开行长办公会或行务会研究业务工作，会议记录是否完整。

（4）是否存在超越授权、授信范围和额度办理业务的情况。

（二）员工素质状况

考察员工的基本文化与技能水平、组织纪律性、爱岗敬业与团队精神。

（三）依法合规经营情况

评价主要以法律、法规和规章制度为衡量标准。如防范法律风险情况、胜诉案件执行率、被诉案件损失率、案发率等。

（四）服务满意程度

考核客户对网点的服务项目、服务效率、服务态度等的满意程度。

（五）内部控制水平

考核银行网点业务记录、财务信息和其他管理信息的及时性、真实性和完整性，以及风险管理体系的有效性。内部控制包括内审机制、人事管理、安全保卫、计算机系统。

1. 内审机制。

（1）是否制订内审（事后监督）工作计划、制度，内审（事后监督）制度应覆盖全部业务活动。

（2）是否按内审（事后监督）制度或工作计划的频次、要求实施检查。内审部门的整改措施是否能及时落实到位。

2. 人事管理。

（1）是否建立了员工录用提拔制度、岗位责任制度、业绩考核奖惩制度、政治学习制度、业务素质培训制度、重要岗位员工轮岗制度、休假和亲属回避制度等，这些制度是否健全。

（2）是否按制度规定录用新员工和实行离任审计，重要岗位员工是否按规定轮岗和强制休假，其他制度是否也认真执行。

3. 安全保卫。

（1）是否制定了库房管理、现金押运、枪弹管理、查库等安全保卫制度，并实行了领导责任制。

（2）上述制度是否得到了认真执行。

（3）库房和营业网点安全保卫设施是否完备，是否按制度实施检查、维护。

（4）是否对安全保卫人员进行经常性培训。

延伸阅读：××银行节假日安全保卫大检查自查表

4. 计算机系统。对计算机系统的评价重点为：

（1）评价控制制度的健全性。

①是否制定了系统运行管理规程、上机操作规程、计算机安全应急制度、岗位责任制。

②计算机管理有没有明确领导负责。

③是否设置了专门的管理部门，规模较小的机构有没有专、兼职管理人员。

（2）评价软件系统的安全性、完善性及维护情况。

①应用软件操作使用技术资料（操作手册、用户手册、测试分析报告）是否齐全，计算机资料的借阅是否实行登记。

②是否安装和使用杀毒软件，杀毒软件有没有及时升级。

③应用系统软件代码是否实行绝密管理，软件维护记录是否齐全。

（3）评价硬件配置管理、运行环境的可行性。

①机房安全消防设施是否完善。

②硬件设备（含网络设备）档案是否齐全，是否有管理台账。

③硬件设备维修记录是否齐全。

（4）评价应用操作人员的职务分离性。

①计算机管理人员和操作人员是否相互串岗和代为操作。

②计算机内是否装有与业务无关的软件。

③非本部计算机人员接触本部计算机是否经批准或登记。

④是否设置开关密码，密码是否定期更换，密码掌握是否违反有关规定。

⑤营业性网络与其他网络是否分开，网络管理员操作员的口令是否一致。

⑥重要业务数据是否备份，是否按规定实行密级保存。

⑦对所有录入、删除或修改的数据是否保留操作人员的痕迹可供查询。

5. 会计系统。会计系统评价包括会计核算、结算管理、现金管理、财务管理诸方面的检查评价。银行网点建立会计控制系统应遵循的基本原则是规范化原则、授权分责原则、监督制约原则、财务核对原则、安全谨慎原则。

（1）会计核算。

①是否制定符合国家有关法规、制度的记账、复核、账表处理的内部管理办法，该办法是否健全、有效。

②是否建立对账制度和会计账簿保管制度。

③是否规定对临柜人员、复核人员、事后监督人员的账务处理职责权限且完整。

④临柜人员是否按权限审查原始凭证的合法性、真实性、准确性、完整性，复核人员是否按规定对临柜人员所办业务复核监督，事后监督是否按规定对上述人员所办业务全面审查。

⑤会计档案内容是否齐全，会计报表凭证是否按规定及时整理，会计档案、重要空白凭证和印押是否按规定保管。

⑥是否按记账规则记账，科目使用、账务处理是否相符。

⑦账账、账款、账据、账表、账实、内外账是否相符。

（2）结算管理。

①是否制定了支付结算、联行业务操作规程，操作规程是否违反有关规定或不完善。

②支付结算、联行业务是否按规定操作，会计联行人员是否定期轮岗换岗。

③支付结算、联行是否存在安全隐患，是否发生较大差错事故或经济案件。

④是否制定了汇款、托收及信用证结算业务操作规程、管理规定和岗位职责，是否健全完善。

⑤是否按有关规定审查开证申请人资信状况、偿付能力及单证审核等国际结算业务。

（3）现金管理。

①是否建立了出纳业务管理和查库制度及有关操作规定。

②现金收入、付出是否逆向操作。

③出纳结账时是否核对库存现金。当日是否结账，是否按规定查库。

④出纳长短款是否按规定处理。

⑤是否按规定将现金入库保管。

延伸阅读：××银行查库制度

⑥是否存在白条抵押现象。

⑦是否有挪用现金行为。

（4）财务管理。

①是否制定了合规、完善的财务管理制度。

②成本、费用是否超规定范围列支。

③是否建立了固定资产账、簿、卡且登记齐全。

④是否按财务制度规定真实反映损益。如是否按规定扣取各种准备金，计提固定资产折旧、工会经费、职工教育费及无形资产、递延资产的摊销。

⑤资本收益率是否达到规定要求。

⑥是否私设单位小金库。

6. 业务系统。业务系统包括存款及或有负债管理、信贷及投资风险控制、信用卡业务控制、交易风险控制。由于业务系统涉及内容多、范围广，因此，对业务活动每个环节的有关评价依据、内容和指标，要做到标准和口径统一，以保证评价判断、信息资料的准确性。

业务系统评价要点为：一是评价业务处理规程的一致性、规范性，如信贷资金管理是否制定信贷管理办法及操作规程，并按有关规程执行业务等；二是评价业务控制程序是否明确、相互制衡，如是否形成了相关岗位职责由不同人员担任的规章制度（审贷分离制度，印、证、押分管制度等）；三是评价业务经营指标的完成情况。

（1）存款及或有负债业务管理。

①是否制定了完善的存款业务操作规程及有关管理制度。

②是否严格执行开户、销户管理规定。如是否存在透支、私销客户存款、存款不入账、冒领客户存款等情况。

③是否违反存款业务、对公存款业务有关管理规定。如公款私存、跨地区揽存等。

④是否抬高或变相抬高利率吸收存款。

⑤是否制定了完善的担保、信用证、银行承兑汇票等或有负债业务管理制度和操作规程。

⑥是否严格遵循或有负债管理规定及操作规程。如是否设置有关表外账户和账簿记录不全，是否存在担保比例超过规定限额等情况。

（2）信贷及投资风险控制。

①是否制定了完善的信贷管理制度、操作规程及岗位责任制。

②是否至少每年一次对贷款政策进行修订以适应市场变化的需要。

③是否实行了贷款“三查”制度和审贷分离制度。

④与担保人签订的担保合同是否有效，办理的票据贴现是否有真实商品交易。

⑤是否定期对贷款合同的执行情况及借款人的经营状况进行跟踪调查，是否对贷款客户进行信用评级。

⑥是否存在向关系人发放信用贷款或对关系人的担保贷款条件优于同等条件的其他借款人等情况，对不良贷款是否采取有效的资产保全措施，贷款是否丧失诉讼时效。

⑦是否违反规定抬高或降低贷款利率。

⑧贷款档案资料是否齐全、完整。

⑨是否制定了完善的投资业务管理制度和操作规程。

⑩办理投资业务是否违反有关政策、法规、制度及操作规程。

（3）信用卡业务控制。

①是否制定了完善的信用卡管理规定和操作规程。

②是否有正确的岗位责任制和业务权限。

③是否严格按有关规定和操作规程办理对持卡申请资格审查、空白卡和透支管理、透支止付、追讨债务及特约商户的资信审核等。

（4）交易风险控制。

①是否制定了完善的同业拆借管理制度。

②是否建立同业拆借资金台账，台账登录是否齐全，拆借合同是否合规。

③同业拆借比例、对象、期限是否符合规定。

④是否制定了完善的外汇买卖操作规程及岗位责任制。

⑤外汇交易与清算是否分开，是否对交易员明确授权，是否设定止损点。

⑥交易电话是否有录音设备并专人管理、定期抽查。是否建立并及时登录外汇交易记录。是否随时检查交易对象的资信、风险度及交易额度，是否建立交易头寸台账及外汇交易后的监督机制。

微课：银行网点绩效管理指标选择

任务三　银行网点典型人员绩效管理

一、银行网点会计人员绩效考核办法

（一）考核依据及内容

以会计从业人员在被考核期间的出勤、优质服务、核算质量、内控管理、业务学习和其他工作表现情况为依据，会计结算部领导、营业机构主管对所属员工平时工作情况随时记录，严格考核。

（二）岗位系数确定及绩效工资分配原则

根据会计工作运营和劳动组合模式，结合各岗位工作性质、业务量、核算内容难易程度和内控执行要求，将会计本部及所辖机构确定机构级类划分和岗位系数；在此基础上，确定会计绩效分配流程如下：

1. 会计绩效工资总额 = 市分行当期拨付会计部可分配绩效总额

2. 单位系数值 = 会计绩效工资总额 ÷ ∑（某类岗位人员人数 × 岗位系数）

3. 营业机构绩效工资总额 = 单位系数值 × ∑（该机构某类岗位人员人数 × 岗位系数）

4. 营业机构单位综合积分绩效工资对应值 = 该营业机构绩效工资总额 ÷ 该机构所有岗位人员当期综合积分总和

5. 员工当期绩效工资实际分配额 = 该营业机构单位项目积分绩效工资对应值 × 岗位系数 × 该员工当季实际综合积分

（三）对会计前台网点人员的考核内容及标准

1. 出勤情况（5%）。网点会计主管负责对网点一般员工的日常出勤情况进行考核登记。具体考核要求及标准：（1）迟到、早退、中途溜岗（包括上下班、会议和业务学习等方面）等在 2 次（含 2 次）以内，且单次在 10 分钟以内者，每次扣减员工项目积分 1 分；2 次以上（不含 2 次）且单次在 10 分钟以内者，将每次扣减此项积分 3 分；迟到、早退、中途溜岗等单次在 10 分钟以上者，按每分钟扣减项目积分 1 分扣减员工项目积分。（2）原则上不允许请事假，如遇特殊情况员工需请事假，且在不影响所属部门总体工作部署和工作进度的情况下，经会计部经理同意批准后准予休假，但每天须扣减员工项目积分 0. 5 分；病假请销假一律以国家相关法律法规为准，并酌情扣分。

2. 优质服务（10%）。由银行网点负责人（行长、经理）和会计主管负责考核网点员工优质服务质量，其中机构负责人和会计主管各占 5 分考核权重。

具体考核要求及标准：优质服务包括对外优质服务和对内优质服务，对外优质服务实际是指柜面优质服务，对内优质服务主要是针对各工作环节中与其他相关部门或工作人员之间的协作态度和能力。（1）在受理柜面业务或与内部工作人员协作过程中，确因服务态度差、工作效率低、错误操作等原因导致客户或内部员工对其工作服务不满而受到投诉的，每次根据后果严重程度给予 0. 5 ~ 5. 0 分的积分扣减处罚；（2）虽无投诉记录，但在上级业务主管部门人员的临时性查访或业务检查人员的例行检查中发现岗位员工有未按“优质服务手册”进行操作和服务的，根据其影响和可能造成后果的严重性给予每次 0. 5 ~ 5. 0 分的积分扣减处罚。

3. 核算质量及内控管理（70%）。此项管理直接来源于会计部事后稽核人员对该柜员会计凭证审查监督结果和业务检查组各类业务检查统计结果。

具体考核要求及标准：通过日常对会计凭证的事后稽核和各类业务检查等手段来检验岗位人员的核算质量和规范前台操作流程，以达到严格内控制度，规避风险，实现利润最大化的目标。（1）事后稽核部门对本岗位员工发生的业务差错进行逐笔分类登记；其中一般差错每笔扣减经办柜员项目积分 0. 1 分，重大差错每笔扣减经办柜员项目积分 0. 5 ~ 1. 0 分，违规差错每笔扣减项目积分 1. 0 ~ 5. 0 分；（2）凭证传递不及时，直接影响会计事后稽核人员对凭证的装订和稽核的，每次扣减柜员项目积分 0. 1

分；（3）会计稽核人员和会计业务检查人员在回访或日常检查中发现岗位员工未按要求对各类差错进行及时整改的，每笔扣减项目积分0.2分；（4）在会计结算部业务检查人员（或内外部其他有权部门工作人员）对网点进行的日常检查和专项检查中发现的问题和差错，一律按当次综合检查通报中所列示的扣分标准对被通报员工进行等额分值扣减。

4. 业务学习情况（10%）。业务学习情况包括业务学习组织落实情况和学习质量两个方面。业务学习的组织落实情况主要由各营业网点会计主管承担，包括业务学习的纪律性和学习记录的完整性，此项除直接考核参加学习的员工外，还将纳入对网点会计主管的绩效考核项目中。学习质量是指会计结算部针对学习内容通过进行多种形式的业务考试（包括笔试、现场口头问答）得出的员工成绩。

具体考核要求及标准：（1）员工明知学习计划安排，无故缺席者，每次扣减其项目积分1.0分；（2）所有会计从业人员在参加会计结算部组织的各种形式考试中，未取得合格成绩或考试过程中有作弊现象者，每次扣减其项目积分0.5分。

5. 其他（5%）。除上述四个考核内容外，其他经会计结算部研究决定需纳入考核并进行积分扣减的临时性事项，例如，未按规定及时向会计部报送相关报表和未按质按量完成领导交付的其他各项临时性工作任务等，扣分标准由会计结算部根据实际情况酌情确定。

二、银行网点客户经理绩效考核办法

考核主要分为三个板块：指标考核项、加分项、减分项。指标考核项占100分（与任务指标挂钩环比考核）；加分项占10分（以每季度的市场调研分析报告和对优质客户的维护情况为主要依据）；减分项无下限（以规范化服务及规章制度执行情况为依据）。

（一）指标考核项（与支行分解给客户经理的任务数挂钩，共100分）

1. 存款净增任务考核（15分）

存款净增分＝新增存款金额/任务指标×考核分

2. 理财金账户指标（10分）

理财金账户分＝新增理财金账户户数/任务指标×考核分

3. 存折代扣协议指标（10分）

存折代扣协议分＝新增存折代扣协议户数/任务指标×考核分

4. 营销保险指标（10分）

保险分＝营销代理保险金额/任务指标×考核分

5. 银证通指标（5分）

银证通分＝新增银证通数/任务指标×考核分

6. 灵通卡指标（10分）

灵通卡分＝新增灵通卡户数/任务指标×考核分

7. 牡丹信用卡指标（10分）

信用卡分＝新增信用卡户数/任务指标×考核分

8. 基金指标（10分）

基金分＝营销基金金额/任务指标×考核分

9. 离柜业务占比指标（10 分）

离柜业务分 = 离柜业务量/网点总业务量（以上季度离柜业务占比与本季度离柜业务占比环比考核）

10. 电子银行指标（10 分）

电子银行分 = 新增电子银行户数/任务指标 × 考核分

（二）加分项（10 分）

1. 优质客户的维护（4 分）。优质客户的信息采集，以理财金账户档案数量与客户数核对考核；优质客户定期维护，理财金账户每户每季度不得少于一次定期维护，以维护记录为考核依据。

2. 市场分析调研报告（6 分）。按照每月上报办公室的市场分析调研报告加分，每篇一分，确有价值被支行采纳的每篇加 2 分。

（三）减分项（无下限）

1. 客户投诉：95588 电话投诉一次扣 5 分（无下限）。

2. 岗位职责及风险防范制度执行情况，以支行相关专业检查情况为考核依据（无下限）。

（四）考核总分 = 指标考核项 + 加分项 − 减分项

以上考核项目和指标主要以某国有商业银行的绩效管理办法为参考，在具体实施时，可以酌情部分修改或者补充。

微课：银行网点典型人员绩效管理

测验 8：银行网点绩效管理

实践·思考·讨论

实践题

1. 选择一家银行网点，了解其晨会环节的主要内容。
2. 考察不同银行网点，看看他们人员管理的重点有哪些不同。
3. 了解股份制商业银行的绩效管理办法。

思考题

1. 未来，银行网点的人员管理会呈现哪些变化？
2. 银行网点的风险主要有哪些？
3. 银行网点负责人如何保障绩效管理办法的实施？

讨论题

1. 大数据背景下，银行网点人员管理应该如何体现？
2. 银行网点风险的演变趋势是怎样的？
3. 简述银行网点绩效管理中的关键绩效指标（KPI）与“二八原理”的关系。

4 项目四　银行网点效能提升

网点管理能力的高低，制约着网点的绩效提升。只有找出运营、服务、销售等管理的短板，借鉴一些管理方法和工具，优化管理制度和流程，才能有效提升网点的绩效，更好地满足客户的需要，从而在市场竞争中立于不败之地。

模块一　银行网点动线布局管理

【主要内容及学习目标】

本模块主要介绍银行网点的动线设计对网点的影响，如何设计动线能够提高网点的运营效果，网点是如何组织运营和开展业务的。通过本模块的学习，要求学生掌握以下几个方面的目标能力：

1. 了解动线布局管理的基本内容；
2. 掌握银行网点动线设计的能力；
3. 掌握银行网点空间布局的重要因素。

任务一　银行网点动线布局管理概述

一、动线概念

动线即流动路线，它不仅包括顾客行走的客动线，还包括补货上架的货动线，以及卖场外顾客代步或配送组织的车动线。

客动线包含外部动线和内部动线。外部动线主要考虑消费者从出了家门到进入网点之前的一系列问题，主要解决客流量与进店率的问题。内部动线主要是调整网点布局，以提高卖场中顾客的通过率、停留率和购买率，促进商品销售。

对客动线进行科学的设计、测量、图示和分析，不仅能有效改善网点布局，而且对品类管理、价格带调整、销售员的配置、网点生动化设计等诸多方面都具有重要意义。

二、动线布局管理

银行网点动线布局管理，就是通过了解消费者的心理，把握客户的潜意识，通过对网点环境、情景等方面的布局和设计，促使客户按照预设的路线和目的流动，策略性地引导人流，达到增进感知、合理布局、优化触点、提升体验的目的。

如果把一个营业网点比作人体的话，那么动线就相当于分布在人体中的血管，无论上下左右，都必须保持通畅，不能有任何阻塞的地方。回想一下，银行的网点中，有没有某个区域是从早到晚客户都不会经过的？有，这就相当于人体的某个部分从早到晚都没有血液流过。银行的网点中，有没有某个区域从早到晚总有很多客户堵在那里？有，这就相当于人体的某个部分从早到晚血液都积在那里不流动，形成血栓。因此，银行很多网点的动线布局其实是不合理的。好的动线应该让客户行走时没有障碍，不会搞得不方便或者不舒服；可以将客流带向网点的每一个角落，而没有死角（视觉死角）；能让客户没有绕道的麻烦和迷路的困惑。

那么如何做好动线管理？一句话：上下左右全部通畅。

三、动线布局管理分类

（一）平面式动线管理

超市采用的就是平面式动线管理。逛超市的时候，你会发现一个现象：超市再大，通常只有一个入口，结账收银以后通常都只有一个出口，消费者从入口到出口这一路上，偶尔有人回头，但大部分人都是在朝前走。为什么？超市动线的设计者就是要让消费者往前走，如果消费者左右来回乱窜，那么这个超市的购物氛围就很混乱，尤其是推购物车的消费者一定不好走。还有，逛超市的时候，消费者通常会买一些本来不打算买的东西。可见，超市的动线是经过设计的，目的是希望消费者尽可能走到更多的商品前，尽可能多地体验产品，同时又不走回头路，也尽可能多地产生销售的机会。

（二）立体式动线管理

从地面借助电扶梯、电梯、步梯来运送客户上下到每一个营业楼层的动线称为立体式动线。

三四十年前的百货商场是没有电梯的，通常它的高度不会超过五层楼。后来，百货商场有了电梯，但最初时只有上行的，没有下行的，之后才逐渐有了下行的电梯。

还有很多商场采用的是平行并排式电扶梯，它会造成上下楼的消费者在同一个平台处挤成一团，并且让他们必须多绕半个卖场。渐渐地，这样的商场电扶梯也被淘汰了。商场管理者发现，多转这半圈，看似多一点商机，实际上却并没有增加消费者的消费行为，反而给消费者带来了不便，增加了消费者的反感。消费者都有逆反心理，干脆连这半圈都懒得转，直接到隔壁的百货商场。因为隔壁这家商场的电梯是剪刀式的：二楼上三楼，直接右转上四楼，直接右转上五楼……消费者能右转上楼左转下楼，很顺利地到达每一层卖场……消费者很喜欢这样的电梯，感觉很方便。

现在又出现了一种新的电梯，一进门，有一个通天手扶梯，可以直接把消费者从一楼运到六楼。消费者如果想到五楼的话，可以先直接到六楼，然后再下到五楼。电梯为什么要直接到六楼？因为顶楼有很多促销活动。这样在消费者上来再下去的过程中，能增加很多销售机会。

所以，一个银行网点的管理者，要尽可能去设计好动线，把动线布局好，就能够增加消费机会。

四、动线设计时要考虑客户的心理

在动线布局时要考虑的客户心理主要有以下几种。

（一）省力心理

在网点中最重要的两个点——一个是入口，一个是受理柜台，这两个点之间，客户一定会选择走直线而不会走曲线，这就是客户的省力心理。一个大型超市，从入口到出口这条线长一点，能够增加很多销售机会。同理，一个营业网点，从入口到受理柜台这条线也是越长越好。这条动线就像人体的主动脉，是网点中最重要的一条线，影响着网点中其他所有的动线。

（二）舒适心理

虽然两点之间直线最短，但是如果客户被告知要等待 10 分钟，那么他就会绕一个曲线到休息区等候，等办理时再走到受理柜台。从休息等候区到受理柜台，为什么两点之间客户走的是曲线？这是出于舒适心理，客户为了舒适会绕一个弧形走。因此，网点的休息等候区就应该设在整个网点主要动线的一个边缘处，或者位置比较偏一点的地方，这样能够尽可能地拉长动线。

（三）恐惧心理

客户坐在休息区等候办理业务的时候，眼睛一定要能看见柜台，否则就要担心叫过号而重新取号、重新等待。针对客户的这种恐惧心理，网点要对休息区和受理区进行合理设计，让坐在休息区的客户能比较直观、方便地看清受理区的叫号情况和柜台窗口情况。

（四）好奇心理

客户在休息区坐着、等着，反正闲着也是闲着。如果旁边恰巧有一个体验区，有触摸屏（尽管里面装的是关于网点业务介绍的内容）可以玩一下，那么这将成为客户打发时间最好不过的选择。所以，很多网点就在休息等候区旁边安装触摸屏供客户体验。客户在等待的同时就体验了各种各样的业务，在玩游戏的时候可能就了解了产品知识，对产品产生了兴趣。所以，这是个不错的销售策略，让客户在玩的过程中就实现了销售。

（五）从众心理

生活中会有这样一些现象：商场里搞促销活动时，如果有一些客户争先恐后地抢购某种商品，那么后续会有越来越多的客户加入抢购的队伍；在熙熙攘攘的大街上，如果有一家店面有成群结队的客户光顾，那么光顾这家店面的人就会越来越多；在车流很大却没有人行横道的地方过马路时，如果有一个人前进一步，那么后面的人会跟着一起前行；在一个班级中，如果有一群孩子购买同一本复习资料，那么该复习资料很可能会逐渐发展到在该班级人手一本……

我们一般把类似的行为称为“随大流”，心理学上将其称为“从众心理”——一个人在社会群体的无形压力下，不知不觉或不由自主地使自己的知觉、判断、认识等表现出符合公众舆论或多数人的社会心理现象。因为特立独行是有苦难的，也是要冒很大风险的，与众人在一起是安全的，很少会出大差错。从众心理使得一个人的行动和情绪受到周围人的影响，一个小群体的主流意见，往往可以迫使一个人做出与自己感知和判断不相符合的回答，这是一种普遍的社会心理，本身没有好坏之分。

客户在消费时出于自我保护常具有从众心理，银行可以利用其为客户提供更好的服务。

网点的休息等候区通常有很多排座位。坐在第一排的每个人都能看到前面的柜台，坐在第二排的人也都能看到柜台，坐在第三排、第四排的人很可能就看不到了……但客户还是会坐在第三排、第四排，因为他看到前面两排有人坐时就会想：反正还没叫到我，我先坐在第三排，前面两排如果有人走了，我就往前挪一挪。因此，坐在第三排、第四排的客户会逐渐地往前移。客户发现别人都坐着，那么他坐着就没有太多的恐惧，心里很安定；而如果他发现别人都站着，只有他坐着，他就会很不安，于是一定要站着。这种出于自我保护的从众心理，如果利用好，可以减轻客户的顾虑和恐惧，使其能安心地在休息区等候，甚至在等候时间比较长的情况下也能放心地去体验区消磨时间。

任务二 银行网点动线管理的运用及设计要领

客户进入网点的动线如何，我们可以在哪里进行服务和营销的埋伏与设计？下面我们通过几个案例来分析动线管理的实际运用和设计要领。

一、一个客户满意度不高的网点案例

如图4.1所示，这是一个营业网点的动线布局图。大门正对面开了1号、2号、3号柜台，三个有笑脸的是开放的，三个打叉的是关闭的。也许网点的主管认为4号、5号、6号柜台离门太远了，所以把这三个柜台暂时关闭。休息区有三块，左边一号柜台前面有一个休息区，右边三号柜台前面有一个休息区，里面几排椅子也是休息区。

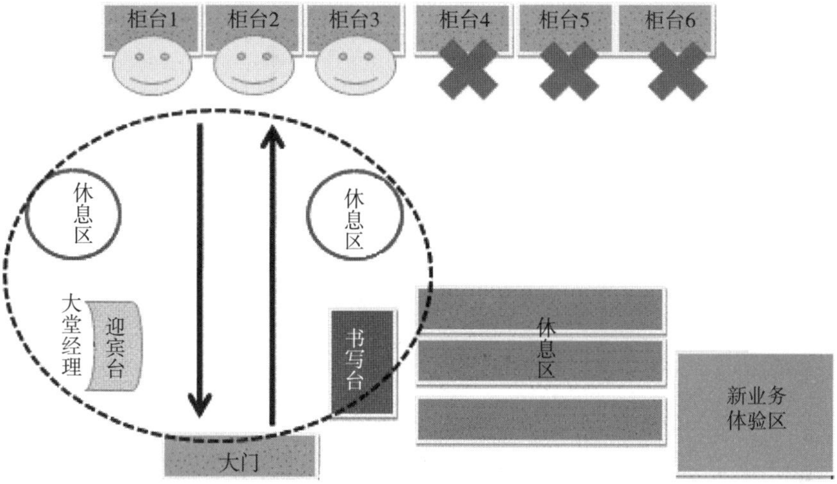

图4.1 错误的网点动线布局

那么这个网点存在什么问题呢？第一，一进门的那个位置（图4.1中正对大门的部分）会很忙，而且会有很多客户站着；里面的休息区反而没有人坐，客户宁愿站在外面都不坐在休息区；忙起来时，整个网点左半边特别忙碌，右半边却特别清闲。第二，网点的客户满意度不高，客户投诉多，网点的销售业绩也不好。

原因出在哪里呢？客户一进门，第一个区域是大堂经理区。大堂经理的职责是询问客户办理什么业务，并对客户进行过滤和分流。如果客户需要填单子的话，立刻被分流到书写台，填完单子准备办理业务了，客户可以坐在圆形的休息区。客户会选择坐在圆形的休息区而不是坐在长方形的休息区，因为根据客户的恐惧心理，他只有坐在圆形的休息区才能看到正在办理业务的受理柜台。如果左边圆形休息区坐满了人，客户会坐在右边圆形休息区；如果右边圆形休息区也坐满了，客户宁愿站在正对大门的地方，也不会坐到长方形的休息区去。为什么呢？因为坐在那儿看不见1号、2号、3号柜台。

站着的客户感觉好不好？不好。因为站着等，哪怕只等五分钟，客户都会感觉等了很久。坐在休息区的这几位客户感觉好吗？也不好。因为坐在那儿，客户的鼻子、嘴巴

高度刚好和旁边站着的客户的腰部平齐。在这种情况下，坐着的客户和站着的客户感觉都不好。那么一进门的客户感觉好吗？也不好。因为一进门满眼都是背影，客户不会往里看，不会看里面有没有地方空着，他只要看到一进门全都是人，心里就堵得慌，就不想进门。坐在受理柜台的三位柜员和正在办理业务的客户感觉好吗？应该也不好。他们办业务时，外面十几双甚至几十双眼睛直勾勾地盯着他们，意思是："你快点！还介绍什么业务？抓紧时间办理吧！"有这么多人看着、对着，他们的感觉自然不好。整个区域没有一个人感觉好，一个个脸都拉得很长，感觉多等一分钟都是煎熬。这种情况，归根到底就是一句话：动线太短，进来出去就这一条线。

所以这个网点的客户满意度不高，客户意见簿上有两类留言：一类是网点太冷，另一类是网点太挤。如何调整呢（见图 4.2）？

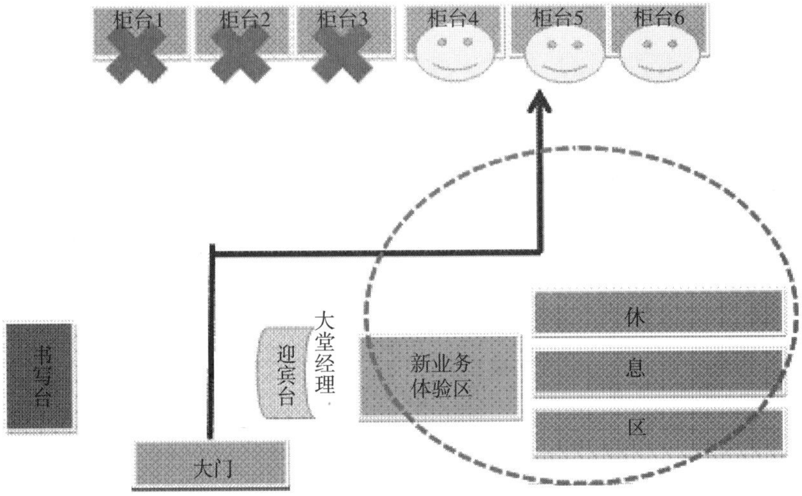

图 4.2　正确的网点动线布局

首先，关闭 1 号、2 号、3 号柜台，开放 4 号、5 号、6 号柜台。这样客户进门要走很远才能到柜台，从而把主要动线拉长了（见图 4.2 中门口到 4 号、5 号、6 号柜台的箭头）。因为开放的 4 号、5 号、6 号柜台正对着休息区，所以客户可以放心地、安安静静地坐在三个柜台前面等候，而不必担心看不到柜台。客户一坐下来，柜台里面的员工会不会轻松一点？员工对面正在办理业务的客户会不会省力一点？

其次，把大堂经理和书写台对调。大堂经理必须在主要动线的中间截住客流。如果把大堂经理放在左边位置，会出现的情况是：客户一进门，大堂经理要喊："先生，请回头，在这里取号！"万一客户没听见就不好了！因此，把大堂经理放在右边位置才能截住客流。左边位置放书写台，这样，大堂经理截住客户，客户转身去书写台填单子，然后再回来，经过大堂经理到休息区等候。

在大堂经理和休息区的中间设立的区域，叫新业务体验区。图 4.1 中的新业务体验区是在网点的最里面，几乎没人走进去，而现在挪到了主要动线的中间，就增加了客户体验的机会，进而增加了销售的机会。

二、一个空间利用率低的网点案例

图4.3中这个网点有两个大门：大门A和大门B，休息区有四个，开放的是2号、3号、4号柜台。一进门，客户往往会在柜台前排队，如果需要等候，也会在左边两个休息区排队，因为可以少走路，而且能盯着柜台没有恐惧感。大堂经理这儿应该不会有客户，因为客户走过去询问完了就要再出来。书写台也不会有多少客户，因为客户会选择在1号、2号、3号、4号柜台上书写。这样的网点布局给人的感觉很不好。柜员受理业务的时候，一抬头就会看到对面一堆人围着窗口，感觉不好；客户办理业务的时候，左边有人，右边也有人，客户会担心泄露自己的隐私，感觉也不好。整个营业网点，左半边常常是满的，而右半边却是空的，网点的空间利用率连一半都不到，很浪费。

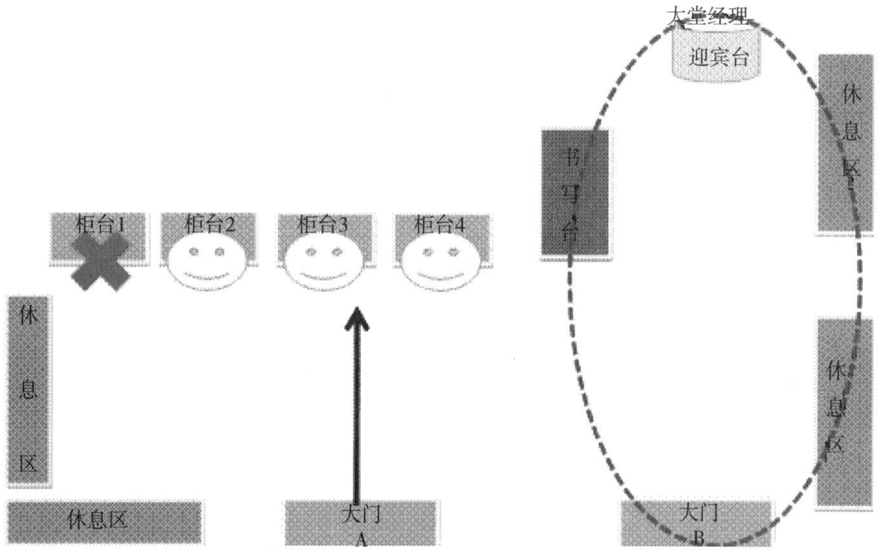

图4.3　错误的动线布局

如何调整？

第一，关闭正对大门A的4号柜台，只开放1号、2号、3号柜台。

第二，关闭大门A。这个大门永久性关闭，如果重新装修，最好做成窗户。关闭大门A后，客户都从大门B进出，客户在这里无论是排队还是休息，一进门的感觉是大厅内很空。

第三，把休息区全部挪到右边，一进门左侧就是大堂经理。此时的主要动线是从进门到柜台，在这个主动线中间有大堂经理，可以截住客流。因为大堂经理截住了客流，客户填完单子就可以到休息区休息，等待办理业务。这样，这个网点的动线就被拉长了，而且一进门的地方是很空旷的（见图4.4）。

微课：银行网点动线布局管理

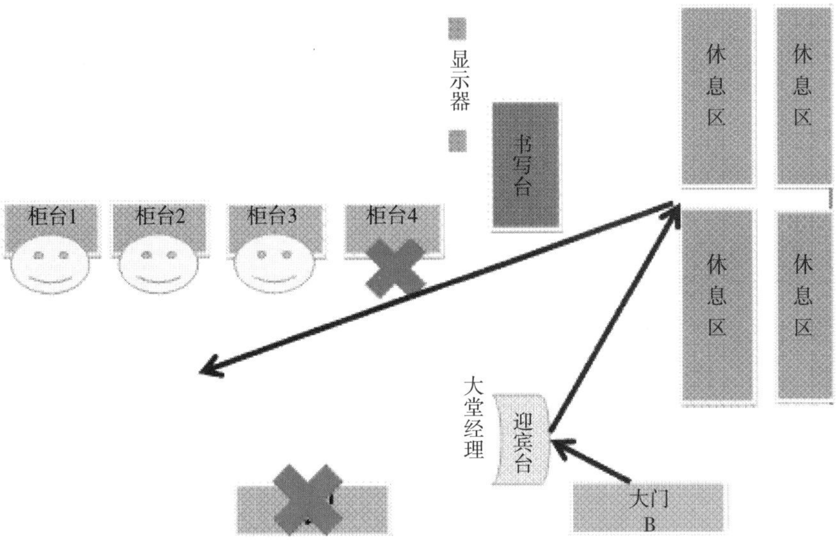

图 4.4　正确的动线布局

任务三　银行网点魔盒区域的魔力

一、魔盒区

魔盒区是一进门的这个区域（见图 4.5）。这个区域为什么叫魔盒区域呢？原因如下：

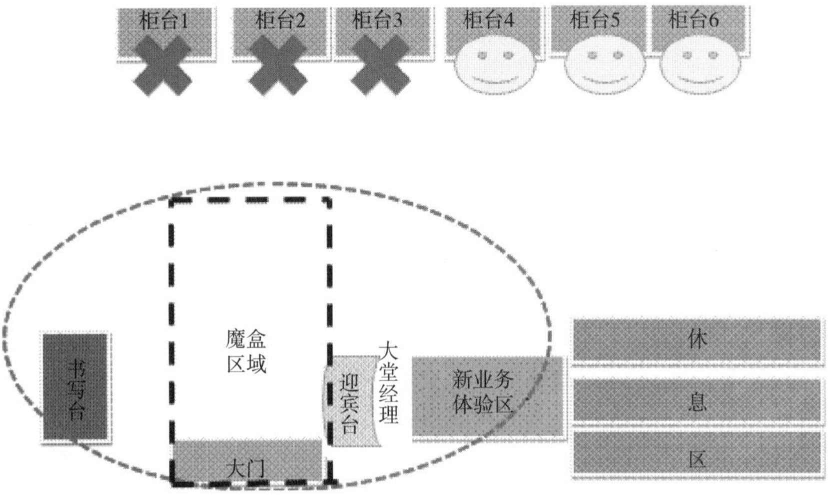

图 4.5　网点的魔盒区域

1. 第一感知在魔盒。即进入网点第一印象的感知在魔盒区。因此，魔盒区应该通透明亮。网点的其他区域昏暗一点没关系，魔盒区绝对不能昏暗，也不能有东西挡着。

2. 去向选择在魔盒。在魔盒区要能看到各个功能区，包括休息区、业务受理区、大堂经理、书写台。必须保证这些功能区客户都能看到，只有能看到，才能有选择。

3. 预检分流在魔盒。在魔盒区，客户能看到各个功能区，但是不能立刻到达各功能区。所以，在魔盒区和休息区中间有一个最重要的台席——大堂经理。因为大堂经理要截住人流，所以大堂经理应该在魔盒区域的边缘地带。

4. 体验起点在魔盒。有人认为，现在进行第四代网点建设了，要让客户一进门就开始体验。这是不对的。客户进门时，都不知道办理什么业务，号没有取、单子没有填，身份证也没有复印，哪有心情体验？所以，只有在填完单子，做完准备工作之后，客户才有心情体验，而这些内容都要在魔盒区做好，走出魔盒区才是新体验的开始。

二、魔盒区的运用

图 4. 6 是某市火车站边上的一个营业网点的动线布局图。在客运高峰时段，火车站会要求旅客只能提前一个小时进候车室。这可把这个网点给害惨了——旅客心想：既然不能进候车室，也不能在大太阳底下站着等，那就找一个凉快地方等着吧，旁边这个营业网点就是不错的选择。于是很多旅客都把这个网点当成了候车室。

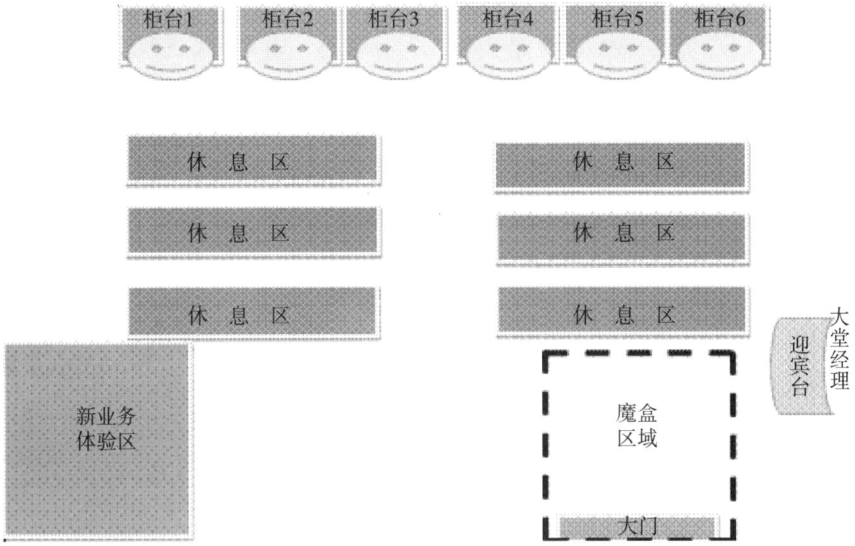

图 4. 6　火车站周围的网点动线布局（改进前）

这个网点一进门就是休息区，休息区的占地面积很大，椅子也很多，椅子与椅子中间的距离还很大。因为网点负责人想到进来的旅客大包小包，还要放拉杆箱，而新业务体验区则缩在一个角落里，很少会有客户去体验。在这个魔盒区域，一进门的位置出了问题——一眼能看到，而且一下就能达到。大堂经理放在了右边。

其实这个网点的路线是可以调整的。如何调整呢？如图 4. 7 所示。

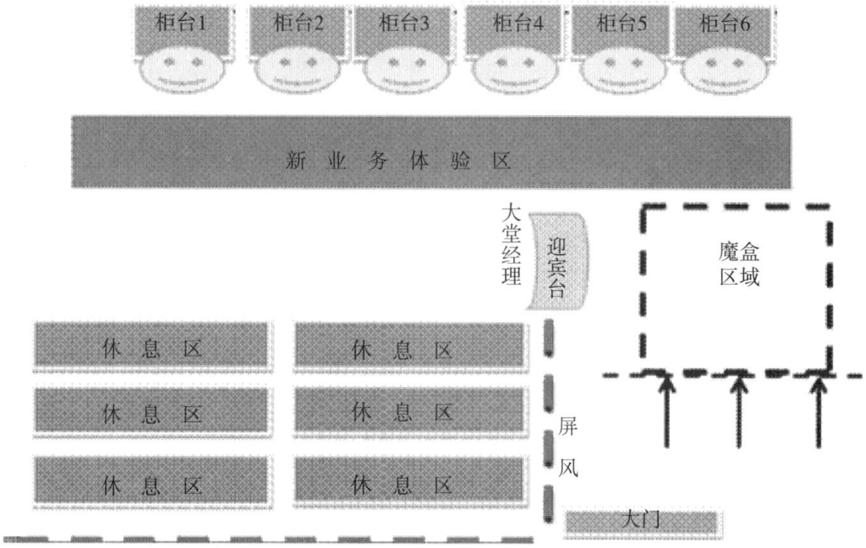

图 4.7　火车站周围的网点动线布局（改进后）

第一，休息等候区向下移，在进门左边的地方设置一道绿色植物的屏风。这个屏风刚好把客户的视线挡住了，这样客户一进门就看不到休息等候区。

第二，在屏风的最末端设置大堂经理位置，在这个位置可以做预处理。

第三，在大门左侧的虚线处设置单透。所谓单透，简单来说就是只挡住视线，不挡住光线。设置单透之后，从外向里看，看到的都是广告；而从里往外看，能看到广场上的客户和光线。这样，从网点大门和窗户都看不见里面了，客户进入网点的欲望就变小了。其实，魔盒区最大的问题不在网点里面，而是在网点外面。现在把魔盒区移到这个位置，相当于大门口从外面移到了魔盒区的边缘，只能够一眼就看见，却不能一下到达。

第四，新业务体验区横着排一行。休息区的客户如果要去办理业务，必须经过新业务体验区，这就在无形中增加了体验新业务的机会。

微课：魔盒区域的魔力

这样的网点动线布局在大门口就能截住客流：一是大堂经理，即办业务的进来，不办业务就别进来；二是新业务体验区，即对新业务感兴趣的可以进来，等火车的不要进来。

任务四　不规则银行网点的动线布局

网点平面如果是正方形的，怎么都好布局。但现实中网点大部分都不是正方形，而是不规则形状，比如 L 形、Z 形、扇形……

1. L 形网点的动线布局。如图 4.8 所示，这是一个 L 形网点。

第一，应该优先开放哪些柜台？大门在最右侧，进入大门一共有 8 个受理柜台。如果只开 2 个柜台，最好开 6 号和 7 号柜台；如果只开 4 个柜台，最好开 5 号、6 号、7

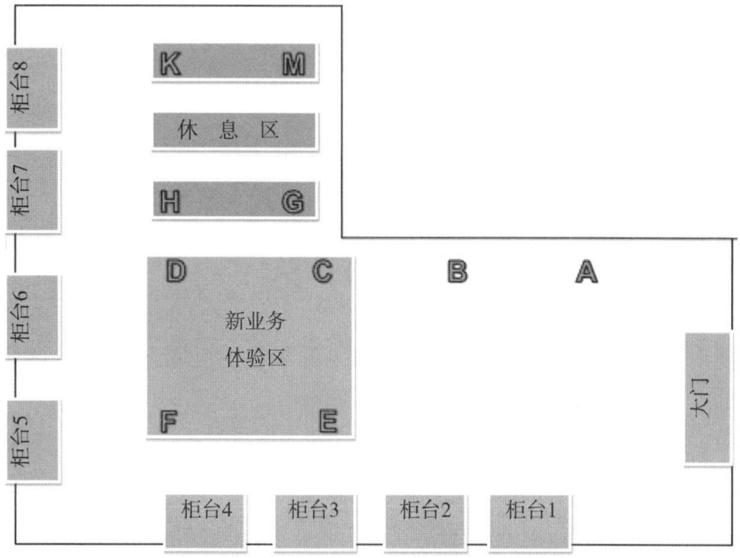

图 4.8　L 形网点的动线布局

号、8 号柜台，1 号柜台尽量不要开。

第二，休息区应该在什么位置，怎么摆放？休息区应该摆在里面的位置，而且要面向 3 号、4 号柜台横排摆放。因为如果休息区面向 7 号、8 号柜台，客户坐下来只能看到 7 号、8 号柜台和部分 6 号柜台，3 号、4 号、5 号柜台都看不见。如果面向 3 号、4 号柜台，客户可以看见 2 至 8 号柜台几乎所有的窗口。这样客户的安全感会比较强，心里会很踏实。

第三，新业务体验区应该在什么位置？摆在一进门还是摆在中间？应该摆在中间。对于这种形状的网点，C、D、E、F 区域是网点的正中心，是人流经过最多的区域，也是网点最繁忙的区域，在这个区域可以做销售。比如，机场一进门是空旷的，因为是魔盒区，但机场的中间有很多服务导语，售票处常被放在中间的服务区，一个明显的位置。而网点的业务受理柜台就相当于机场换登机牌的地方，通常是一进门往里要走很远，走的过程中要路过销售柜台。这些都是动线设计的结果。

微课：网点看三区

2. Z 形网点的动线布局。我们来看 Z 形网点的动线布局（见图 4.9）。

第一，客户最不容易停留的地方有哪些？A 和 G 区域。客户进入网点后会直接走向 B 区域，因此忽略 A 区域；G 区域因为太靠里了，客户也不会走过去。

第二，休息区应该在什么位置，怎么摆？有两种选择：一种是摆在 F 和 E 区域，一种是摆在 D 和 C 区域。把休息区摆在 F 和 E 区域会出现一个现象：A、B、C、D 区域将变得很空，而 F、E、G 区域将变得很挤——整个网点还是一边空，一边挤。因此，我们可以把休息区摆在 C 和 D 区域。休息区面朝着 3 号、4 号柜台摆，那么第一排的客户能看见 1 ~6 号所有的柜台，第二排的客户基本上也能看见，第三排的客户即使看不见，但也会安心坐着等待。休息等候区不需要在每一个座位都能看见所有柜台，有一两排能看见就可以。B 区域可以放大堂经理，因为大堂经理通常被放在一进门到休息等候区的

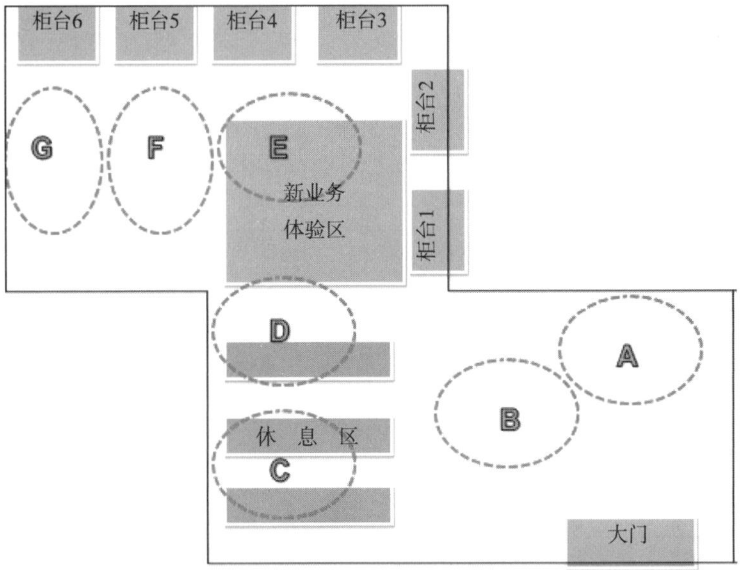

图 4.9　Z 形网点的动线布局

中间位置。

第三，新业务体验区应在什么位置？休息等候区和业务受理柜台的中间。因为这样设计使得去办业务的客户一定会经过新业务体验区，从而增加客户体验和购买的机会。

3. 扇形网点的动线布局。如图 4.10 所示，这是一个扇形网点的动线布局，存在两个问题：第一，受理柜台应该摆在什么位置？第二，应该开哪个大门？

受理柜台是摆在 A 区域、B 区域还是 C 区域？如果摆在 A 区域，大门 C 不能开，大门 A 和 B 都可以开。如果摆在 B 区域，大门 A 不能开，否则动线太短了，而大门 C 和 B 可以开。如果摆在 C 区域，则哪个大门都不能开——因为开任何一个大门，动线都很短，所以不能摆在 C 区域。

如图 4.11 所示，把扇形网点的一角做成自助区，打开其中一个大门，开 5 个受理柜台。

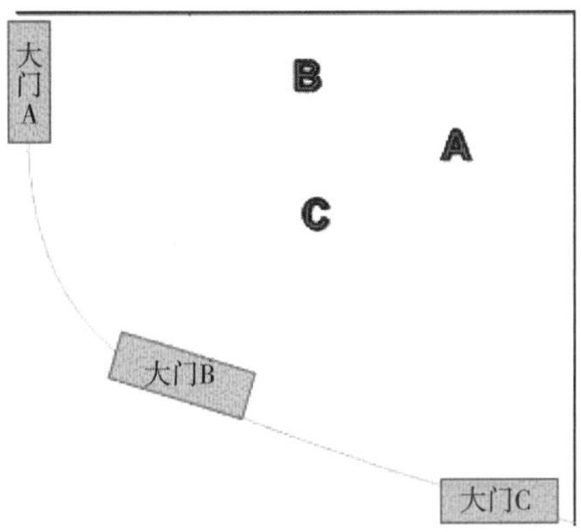

图 4.10　扇形网点的动线布局

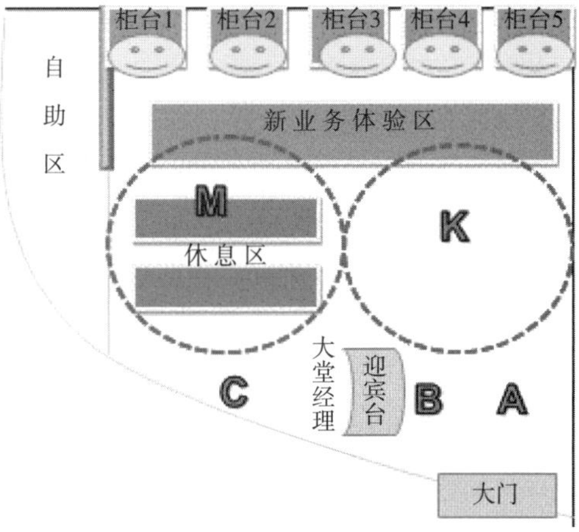

图 4.11　扇形网点的动线布局

第一，应首先开放哪个区域的受理柜台，为什么？如果开 3 个受理柜台，应该开 2 号、3 号、4 号柜台。如果开 5 个受理柜台，应该开 1 ~5 号柜台。

第二，大堂经理应该在什么位置？应该在 B 区域，因为只有站在 B 区域，大堂经理才能截住人流。

第三，休息区应在什么位置，为什么？休息区应该在 M 区域，而且要靠下摆。休息区如果放在 K 区域，一进门就是休息区，魔盒区太小，大堂经理会担心截不住客流。

任务五　银行网点空间布局中的几个重要因素

银行网点布局中还要注意以下几个因素。

一、感知环境

1. 照明。网点照明可以分为五大类：直接照明、半直接照明、间接照明、半间接照明、漫射照明。

直接照明，光源的全部或 90% 以上直接投射到被照物体上。特点是亮度大，给人以明亮、紧凑的感觉。

半直接照明，光源的 60% ~90% 直接投射到被照物体上，它的亮度仍然较大，但比直接照明柔和。

间接照明，光源的 90% 以上先照到墙上或顶棚上，再反射到被照物体上。光量弱，光线柔和，无眩光和明显阴影，具有安详、平和的气氛。

半间接照明，光源的 60% 以上经过反射后照射到被照物体上，只有少量光直接射向被照物体。它比间接照明亮度大。

漫射照明，利用半透明磨砂玻璃罩、乳白罩或特制的格栅，使光线形成多方向的漫射，其光线柔和，有很好的艺术效果。

网点的照明设计应当简洁明快。布局、色彩、安全、节能、人性化是影响营业网点照明设计的主要因素。

照明要分不同的区域，体现不同的主题。如果要体现一个产品很有价值，体现一个区域很尊贵，体现一个区域很明亮，那么应该采用不同的照明方式。网点中哪里应该最亮？大厅。大厅的哪一个区域应该最亮？一进门的地方。

人是有趋光性的，进入网点之后喜欢往有光亮的地方走，照明就要注意一件事，就是自然光不要被挡住。有自然光和没自然光给人的感觉差异很大。因此，网点的玻璃窗上不要张贴不透明海报，不要悬挂不透明窗帘。

照明环境可以反映出相应的服务质量。随着服务的加强，网点的照明产品也应当多样化。目前网点主要使用节能灯和格栅灯。其中，节能灯的使用率最高，格栅灯次之。有时射灯也会被采用，个别网点的贵宾区还会有水晶吊灯等装饰。

一般来说，灯具布置应结合建筑顶部装饰，融合格栅灯盘、日光灯带、筒灯等多种形式。格栅灯盘、日光灯带适合布置在外厅，柜台和后台等适合用格栅灯盘，外厅边沿和客户休息区适合布置筒灯，如图 4. 12 所示。

2. 温度。有人认为，冬天把空调调到 18 摄氏度，夏天调到 26 摄氏度，节能减排。其

图 4.12　银行网点照明效果

实，具体的温度要根据实际情况调整——有的空调 26 摄氏度已经很凉了，有的空调 22 摄氏度都没感觉。因此，这里说的温度，不是指空调温度，而是指人的实际感知温度。

[案例]

最早研发的动车组列车，车厢内的温度是基本恒定而不可调整的，一直保持在 23 ~ 24 摄氏度。设计的时候主要是考虑以往列车车厢内人多甚至超员的时候，即使温度设置在 26 摄氏度也不凉快。结果夏天的时候，室外温度 30 多摄氏度，车上的人却冻得不敢打盹儿，稍微趴上一小会儿，起来时脖子都是凉的。

事先有所准备的乘客，往往会多带一件外套防寒；没有准备的乘客就惨了，有的用水杯接了热水当暖水袋取暖，有的不断用手摩擦身体取暖。个别旅客甚至被冻感冒，动车组也因此曾被戏称为“冻车组”。

后来研发的新车型，则配备了高效率的全自动恒温空调系统，短时间内可调控温度至使人感觉舒适的状态，为乘客提供了良好的搭乘体验。

3. 气味。网点无论多冷都要通风透气。有的网点一进去有异味，原因可能是口气、体味造成的，可能是客户拿着有异味的物品形成的。但如果其他客户一推门进来就闻到一股异味，感觉可能就不好了。

4. 音乐。背景音乐是营造网点氛围的重要手段。或热情，或浪漫，或舒缓，或激烈的音乐是影响客户感受的重要因素。合理的背景音乐编排和设计，可以加深客户的印象，增强客户的购买意愿。

[案例]

建设银行佛山分行网点为体现其人文关怀和个性化服务，使营业网点大厅服务环境更加舒适和温馨，推行了新的网点服务体验——客户可以在网点叫号机上点播轻音乐。

这个网点的音乐播放功能可进行实时调整，播放曲目会在固定一段时间后进行更新。当营业大厅客户较多时，工作人员也会视情况调小音量或关闭音乐。通过这项服务，网点希望能舒缓客户排队等候的情绪，同时也能缓解员工的工作压力。

网点在选择和播放音乐背景时，要注意以下三个方面。

（1）选择合适的音乐类型。音乐分为多种类型，不同的音乐类型，带给人的心理影响也不相同。因此，要根据网点的具体情况，选择合适的音乐类型。一是音乐风格要与网点的风格相吻合，直接体现网点的品牌文化与品牌定位。二是要根据主体区域的不同播放不同类型的音乐：这个区域要做促销，音乐的节奏要欢快一些；那个区域要洽谈，音乐节奏就应该舒缓一点，柔和得体。

（2）适当调整音乐的音量。背景音乐的音量一定要合适，通常不宜太大，一般以正常听到为宜。背景音乐音量过大，会导致客户和员工之间交流时不得不提高声音，进而影响交流的效果，使人产生一种急躁感、不安感，也会让休息区的客户感到烦躁或者疲惫。

背景音乐的音量并非是一成不变的，在不同的工作时段可以进行相应的调整。比如，在早上刚开业的时候，客流量不大，可以播放强度大一点的音乐，也有利于振奋员工的精神；在中午或者下午营业紧张期时，可以降低强度，以避免不必要的噪声，导致员工的工作效率下降。

（3）适时交替音乐。背景音乐也不能只有一首。重复地播放同一首音乐，容易使人产生听觉疲劳，感到厌烦。适当地播放不同的音乐可以避免听觉疲劳，也能满足不同客户的喜好和需求。因此，乐曲的数量要充足、避免单调，音乐的替换时段也要符合客户的心理需要。

二、宣传陈设和体验陈列

美国市场营销学会的研究表明，人们关注某一个商品的时间通常在前 3 秒，如果在这 3 秒内决定购买，70% 是因为产品的视觉表现力。

营业网点的布局和陈列，对于强化客户感知、增加销售机会、提升客户满意度、宣传品牌形象起到了重要的作用。因此，网点要在宣传陈设和体验陈列上下功夫，增强客户购买或者体验的欲望，从而提高网点的销售业绩。

网点的宣传陈列要根据客户的行走路线、各位置的特征、客户的消费心理和习惯等来设计。哪个位置是整个网点宣传的黄金位置？物品摆放在什么角度或者高度最容易被客户关注到？

关键一：抓住客户的眼，容易看到。

关键二：抓住客户的手，易摸、易拿。

关键三：抓住客户的心，促进成交。

要抓住客户的眼，放在客户容易看到的地方；要抓住客户的手，让客户可以路过，可以触摸、可以拿到、可以体验；要抓住客户的心，从而促进成交。我们要把自己当成客户进行思考，用客户的眼睛去观察，用客户的耳朵去聆听，用客户的心去感受。

微课：银行网点空间布局的几个要素

体验平台要尽量布置在客流量较大的开放性场所，要避免使用

“一米线”、海报、展架等物品形成封闭区域，通过指引标识等吸引客户到体验平台进行体验。各大银行网点对于大厅内设施物品陈列有统一的标准。

[案例]

以下是农业银行网点大厅环境管理与设施物品陈列规范。

一、环境管理

（一）营业厅门前管理

网点门前干净卫生，网点外墙、自助服务区无非规定粘贴物品。营业网点门前不得摆摊设点，不得有任何视觉障碍。根据场地情况，合理设置车辆存放、人员通行等区域，保持行走畅通。设有无障碍通道的网点，需保持通道畅通。

（二）大厅环境管理

营业厅内外光线充足，温度适宜，空气清新，墙面无张贴物。灯箱、显示设施按规定时间打开、播放，其中室内灯箱、液晶电视播放时间与营业时间一致。

（三）大厅卫生管理

营业厅内整洁舒适，地面、墙面及各种设施保持无烟蒂、无纸屑、无灰尘、无污渍、无杂物；栏杆门窗无锈迹、无蛛丝等；天花板、墙角无蜘蛛网；垃圾桶要及时清理，杜绝垃圾溢出桶外。

（四）营业秩序管理

营业网点内要尽量保持安静，及时制止网点内不文明行为。

（五）绿化管理

植株绿化宜选择阔叶类，高度不宜超过空间的2/3，数量与环境相适宜，花盆内无烟蒂、纸屑等杂物，托盘保持洁净。

（六）设施物品摆放管理

单据、凭证、文具等业务用品齐全，摆放规范有序；家具无破损，各类服务设施可正常运行使用。

（七）闲杂物品管理

营业大厅内禁止显露与办理业务无关的物品。手包、衣物等小件个人物品入柜，严禁摩托车、自行车等停放于营业厅内；拖把、扫帚、水桶、盆架、衣架等其他闲杂物品放到专用的隐蔽位置；暴露的电缆、电线、补充电源插座等应遮盖，保持安全、整齐。

（八）标识管理

营业大厅内禁烟标志要准确、到位、醒目。所有服务区域均应按照要求在醒目合理的位置悬挂服务区牌。

二、客户等候区设施物品陈列

（一）客户等候区主要配备等候椅、液晶电视、公告栏、海报、指示牌、营销宣传柜等设施物品。

（二）客户等候区设施物品配备应规范统一，设施物品摆放应简洁、明快。为保持大堂整洁，不设形象展示墙的网点应尽量利用墙面和柱面进行宣传、展示，设置形象展示墙的网点应充分利用形象展示墙集中陈列宣传品，保持大堂的整洁、美观。

（三）客户等候椅

在客户等候区适当位置侧向柜台摆放三联排客户等候椅，基础网点一般设置2～4组，精品以上网点一般设置4～6组。

（四）多媒体播放系统

营业网点的液晶电视用于多媒体播放，可设置在营销宣传墙上部（中心距地面2米，与形象展示墙平行，并固定在形象展示墙上），也可放置在客户等候区对面的柱面或墙面上，电视底端距地2米。

（五）挂墙式海报折页架

悬挂于客户休息区与营销宣传区的柱面和墙面上，底端距地高度不小于1.3米，数量、具体位置由银行根据网点的物理空间、布局及业务功能确定，不得另外摆放易拉宝、X展架。

（六）落地式海报折页资料架和三角资料架

摆放在客户休息区和营销宣传区的显著位置，便于客户取阅；宣传资料应及时更新、补充，同一产品或业务的宣传资料数量应每沓5～10张为宜，最多不超过10张，少于5张应及时补充；严禁摆放过期、破损产品宣传资料，严禁宣传资料摆放凌乱，不同产品或业务的折页混为一沓。

（七）公告栏

公告栏摆放、悬挂于营销宣传区显著位置，公示内容应及时更新，严禁手写公告，严禁以“贴膏药”的方式累叠粘贴公告。

（八）营销展示柜

放于营销宣传区内显著位置，靠墙或靠柱摆放以增加稳定性。

（九）饮水机

在客户等候区靠墙角、墙面或柱面方便客户取用的位置设置饮水机及一次性水杯，靠墙放置的饮水机取水口应面向客户视角容易发现的方向。

测验9：银行网点动线布局管理

模块二　银行网点服务管理

【主要内容及学习目标】

本模块主要介绍银行网点优质服务，优质服务过程中的服务沟通、投诉处理等。通过本模块的学习，要求学生掌握以下几个方面的目标能力：

1. 了解银行网点优质服务的主要内容；
2. 掌握银行网点服务过程中的沟通能力；
3. 掌握银行网点的投诉处理能力；
4. 掌握银行网点服务创新的策略。

任务一　银行网点优质服务

随着市场的不断深化，顾客的需求层出不穷，银行网点服务的追求也永无止境。目前，我国银行业已经进入一个以投资理财、消费服务为特征的新阶段，这对银行业的发展和服务也提出了更高的要求和更多的期待。

市场调查显示，很多客户都会有意无意地将银行网点等同于银行运营的全部，究其原因，是因为大多数客户是通过窗口直观感受服务的。所以，网点服务的好坏在很大程度上关系到整个银行服务质量的评价。

那么，什么样的服务是优质服务呢?

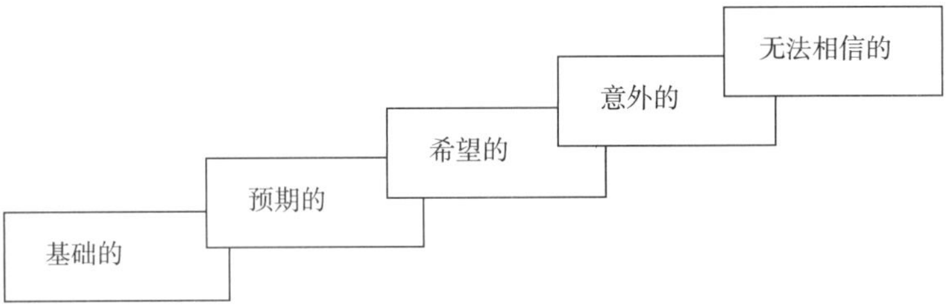

图 4.13　服务的五个层面

图 4.13 是服务的五个层面，银行网点服务至少要做到第三层才算合格，而最棒的优质服务，当然是让客户意外甚至无法相信的。

延伸阅读：银行营业网点服务水平提升的思考与建议

一、以客户为中心的服务

1. 优质服务从调整内心开始。“客户至上，用心服务”，这八个字在很多银行网点都能看到，开会、总结也不断重复。但是，是否每位员工都落实了这八个字？这是一件看似容易做起来很难的事。遵守工作流程，保证工作效率和工作质量，也是完成了基本的服务工作。但是要真正做到优质的服务，必须要用心，要有爱心、有耐心、有诚心。

如何调整内心，做好服务?

（1）端正职业精神。作为一名优秀的网点服务人员，要有正确的职业精神。这种精神表现在工作中，就是积极的服务意识和高度负责的态度。不论面对什么客户、什么问题，要始终保持良好的工作态度，避免带入个人感情，积极、主动、热情地接待每一位客户，高效准确地完成每一笔业务，想客户之所求，急客户之所需，排客户之所忧，做工作中的用心人。

（2）做客户的朋友。虽然大部分客户都是陌生人，但优质服务就是为了让客户感受到亲情般的温暖，让客户有家的归属感，这样，客户才能高兴而来，满意而归。因此，要调整内心，就要改变对客户的看法。

- 客户是银行网点里最重要的人物，不管他是亲自出面还是打电话来。
- 客户不靠我们而活，而我们却少不了他们。

- 客户提出问题不是来打扰我们工作的，他们是我们努力服务的目标。
- 别认为需要服务的客户是可怜的，是他们给予我们服务的机会。
- 客户不是我们争辩或斗智的对象，当我们在口头上占了上风时，也是失去客户的时刻。

（3）换位思考。出发点不同，看问题的角度不一样，对同一件事的态度也就不同。所以，换位思考，将自己放在网点客户的角度上去想问题。服务过程中，全面周到地站在客户的立场上替客户着想，从内心深处认识到客户的事情就是我们自己要处理和解决的事情。

2. 优质服务要有责任心。随着人们对银行依赖程度的提高，银行网点承担的社会责任越来越大。网点中，常见缺乏责任心的服务态度，可以归纳为以下几个方面。

（1）我不太清楚这个工作，所以没做好。因为不清楚或是不熟悉而没有做好，看起来顺理成章，其实是推卸责任的表现。因为既然承担一份工作，就要清楚自己要做什么、该怎样做。用不清楚或者不熟悉这样的理由来为自己辩解，其实就是不负责任的表现。

（2）我只是一名柜员（大堂经理、保安），做好自己的事情就行了。我只要做好自己的事就可以了，何必去管别人的事情，这是很多工作人员的想法。做好自己的事，当然是一名工作人员必须要做到的。但是作为一名对自己岗位、团队负责任的网点员工，有忠诚于银行的义务，更有责任为银行网点的发展着想，而不是事不关己高高挂起。

（3）我不是故意的。这是许多网点员工在其工作失职被发现后做出的一个很无辜的解释。“我不是故意的，我也不想出错。”这些事都说明了一个问题，就是如果一个人能保持高度的责任感，有一颗强烈的责任心，这些问题还会出现吗？“我不是故意的”这个理由的确很让人怜悯，也会给人一种无辜感，但是无论怎么样，该承担的责任都不会少，想推卸责任也推卸不掉。

（4）“如果……我就不会这样了。”把出现的问题归咎于某种假设，寄希望于“如果怎么样，我就……”是标准的推卸责任。不论这种原因是主观的还是客观的，总之，没做好的主要原因肯定不是自己。但是假设不能代表现实，无论是懊悔也好，逃避责任也罢，都不能解决任何问题。

那么，作为网点服务人员，如何增强责任心呢？

（1）保持高度的工作热情。工作热情非常重要。在平时工作中，也许只要按部就班地根据流程完成工作就可以了，但当碰到意外情况或者紧急又重要的两难问题时，工作热情往往成为解决问题的关键点之一，也是反映一个人工作态度的地方。

（2）力所能及地完成一些职责外的工作。有些事，的确是自己做了也不见得有人会记住，但是如果做了对整个网点有好处，当然要做。比如处理系统内一些零碎的任务，或者为别的同事的后续工作做点铺垫等，这些都是使工作更加高效的做法，也是一个人有责任心的表现。

（3）注重团队协作。一个个零件在个体时能有多少价值？几乎没有。只有当零件组合在一起的时候，才能发挥最大的效用，才能形成机器，产生动力。在团队中也是一样，只有大家积极参与团队协作，才能实现高效率，自己也能获得大发展。

3. 全方位提升服务质量。

（1）预测客户的需求。客户的需求主要有五种：说出来的需求，没有说出来的需求，真正的需求，满足后令人高兴的需求以及秘密的需求。客户说出来的需求仅仅是一小部分，因此，既然客户不告诉我们，就需要我们有预测能力。一般来讲，银行网点客户的需求包括以下内容：

- 客户有受欢迎的需求；
- 客户有及时服务的需求；
- 客户有感觉舒适的需求；
- 客户有有序服务的需求；
- 客户有被理解的需求；
- 客户有被帮助的需求；
- 客户有受重视的需求；
- 客户有被称赞的需求；
- 客户有被识别和被记住的需求；
- 客户有受尊重的需求；
- 客户有被信任的需求；
- 客户有安全和隐私的需求。

（2）给客户创造额外的情感体验。想提高服务质量，不仅要为客户解决问题，还需要为客户创造快乐的体验。正如服务业常说的一个例子：医院里的病人需要的不仅仅是治疗；宾馆里的客人需要的不仅仅是一间客房；商场里的消费者需要的不仅仅是商品；手机用户需要的不仅仅是接打电话……同样，银行网点的客户需要的也不仅仅是存钱、取钱、办理业务，他们还需要被善待、被尊重，需要更多的体验。

二、个性化服务

随着银行业的发展，服务质量的高低对客户选择银行的影响越来越大。每一位客户都有着各自的习惯和喜好，能为客户提供及时、灵活、体贴入微的个性化服务，比标准化服务更能深入人心。

银行网点常见的个性化服务有以下几种。

1. 为客户送上生日祝福。直接面对客户的柜员，要特别留意客户的生日信息，如果遇到当天或在近期过生日的客户，在向他们提供一如既往高效优质服务的同时，再额外送上一份温暖人心的生日祝福，就是让客户有非常惊喜的个性化服务。

延伸阅读："九点服务法"打造特色"银发"网点

"××女士您好，今天是您的生日，我谨代表××银行祝您生日快乐，永远年轻漂亮！"在办理业务的时候，说一句这样的话，可谓用力少收效高的服务策略。

2. 在网点提供免费 WiFi。银行网点如果能实现 WiFi 的全覆盖，可以延缓客户在等待时的焦虑感；同时也有利于拉近与这些客户的距离，因为他们会更乐于来网点，更愿意在网点多待一会儿。

3. 针对特殊人群的个性化服务。比如，专门针对残疾客户的个性服务，实施专人接待，咨询专人解答，办理业务专属通道等多项措施，尽可能为残疾客户提供热情周到、细致满意的金融服务。在营业网点内增添盲人签字框、小语种双语对照手册（阿拉伯语、德语、俄语、法语、韩语、葡萄牙语、日语）等专门为特殊人群设立的设备，让特殊人群也能感受到温馨、细致的服务。

比如，专门针对老年人的特殊服务，老年人行动不便，视力、听力也有些退化。网点在提供服务的时候，应该考虑到他们的不便之处，办理业务的时候多等待一会儿，说话声音大一点等。

三、微笑服务

微笑服务虽然不需要时时微笑，但必须在三个关键时刻微笑——见面的时候要笑，客户最兴奋的时候要笑，客户走之前要笑。这符合心理学的两个定律：一个是首因效应，一个是峰终理论。

1. 首因效应。即任何人第一次交往中给对方留下的印象在对方的头脑中占有主导地位。比如谈恋爱都讲究一见钟情，因为第一眼很重要。同样，在与客户见面的最初7秒钟，你给客户留下的印象也极为重要。

2. 峰终理论。即人对体验的记忆由两个因素决定：高峰时与结束时的感觉（无论是正向的还是负向的）。客户印象最深刻的时候，一是他最兴奋的时候，二是临走前。比如我们去餐厅吃饭，临近结束的时候，店家赠送了一个免费的很好吃的果盘，我们会感觉不错，先前用餐时也许发生过不愉快，但因为这个果盘就忘记了。同理，在银行网点办理业务时，客户什么时候最兴奋？当然是拿到钱或者银行卡的时候，通常兴奋点在双手递或者接的附近。

于是银行网点的微笑服务有三个重点：进（出）门微笑，近（离）柜台微笑，递接（还）时微笑。

微笑有标准吗？有人煞费苦心地对着镜子练习，企图练出一副蒙娜丽莎般的微笑。可是微笑并不像点钞或者打键盘那样可以练得出来，它不是一张职业化的笑脸，而是发自内心的、自然的真情流露。

任务二 银行网点服务沟通

一、高效客户沟通六部曲

沟通其实不是人生来就具备的本能，这是一种能力，是训练出来的。在面对客户的时候，一个善于沟通的人，能够将服务工作完成得尽善尽美，令客户满意；反之，一个不善于沟通的人，很难为客户提供优质的服务，让客户产生抱怨和不满，以致引起客户流失。

高效沟通可以分为以下三个步骤进行。

1. 营造良好的沟通氛围。沟通是一种心和心的交流，面对陌生客户如何才能快速地打开他的心扉，获得他的信任？先从营造一种良好的沟通氛围开始吧！

在网点中，有些柜员或者大堂经理只集中精神于电脑工作，这样一来便忽略了与客户的接触及行业服务的核心宗旨：以殷勤的服务态度接待客户。大部分网点工作人员都明白，服务就是一种与客户沟通的学问和技巧，他们善于在面对客户的第一时间为彼此营造一种和谐的沟通气氛。

比如，主动与客户沟通，先开口与客户打招呼，然后再说："请问先生贵姓?"而不会直接说："请问您办理什么业务?"不要小看这简简单单的一句话，这对于拉近和客户的心理距离作用非常大。在接下来的服务中，你就可以不断地在交流时说："某某先生（小姐）……"这会在潜意识中向客户表明，此刻提供的服务是专门针对该客户的。

如果条件允许，也可以跟客户聊聊他感兴趣的事，比如跟老人聊一下他的子女或者退休情况，能够让沟通变得像朋友之间的交流，特别是面对投诉或者抱怨时，适当地用一些有人情味的话题来缓和冲突，更是让沟通顺利进行的良策。

所以，高效沟通，氛围很重要。

2. 相互理解获得共赢。这一步跟营造氛围是相辅相成的，不能理解客户，就无法真正营造一个良好的沟通氛围，又如何向客户表明，你是关心他并且想帮助他呢？特别是在网点内处理一些突发的纠纷时，我们不能慢条斯理地去营造氛围，所以，此时最好的切入点就是从客户的情感出发，理解客户，从而获得共赢。

［案例］

这天，大堂经理小周接待了一位来代妻子领保险分红的先生。可是由于疏忽，他忘记了密码。在给妻子打电话询问后，发现妻子记的密码也是错误的。于是他询问柜员该怎么办。柜员说："办理密码挂失吧。"

根据规定，客户如果忘记了密码，需要本人持有效身份证件亲自到柜台，才能办理密码挂失。客户问："不能代理吗?"

柜员说："我们有规定，必须本人持有效身份证件，才能办理密码挂失。你必须让你爱人来办理。"

客户说："我爱人现在在外地考察访问，短时间之内不回家，来不了。"

柜员说："来不了就没办法了，规定就是这样。"

客户不乐意了："你这什么态度!"眼看着就要吵起来。小周马上赶过去，几句话问清楚情况后，对客户说："先生您别着急，我理解您的心情，您看这样吧，您先到休息处坐一下，我马上打电话请示我们行长，看这样的情况能不能特情特办，好吗？您放心，我们一定协助您顺利办好业务。"

听她这么说，客户的气消了大半，跟着小周到休息区坐下。小周给客户倒了一杯水，然后准备打电话向上级领导请示。

不料客户想了想说："算了，我也不是今天非取不可，等她回来再说吧。"

在这次险些引发客户投诉的沟通过程中，由于柜员未能充分考虑客户本人不能到银行办理业务的实际难处，也没有采取有效的措施予以解决，以致造成沟通不畅。而大堂经理小周其实没有提供什么实质性的处理措施，只是向客户表明了真诚的服务态度，便让紧张的气氛得以缓解。结果，客户自己把问题解决了。

3. 对问题进行分析和策划。很多时候，客户的问题并不能都像上述例子那样顺利解决。所以，网点工作人员不能仅仅只提供同情和理解，更重要的是采取有效措施，对问题进行分析，以求解决。

4. 有技巧地提出方案。有了问题的对策后，在提出方案时也要讲究方式方法，很多时候无效沟通甚至会引起客户的反感和投诉，不是由于解决问题的方案不对，而是因为工作人员的说法有待提升。

比如，大堂经理这样说："先生，我请示领导了，规定不能变，但是您可以让您的夫人到当地的银行网点做挂失，这是最快捷的办法了。"

或者，大堂经理这样说："先生，我请示领导了，虽然规定是死的不能变，但是我们可以为您灵活处理，您问一下您的夫人离她最近的我们银行的网点在哪里？我们联系那个银行网点，让她去挂失密码。咱们这边将您的身份证复印件传真过去就行，这跟您在这里挂失的效率一样，您看如何？"

同一种方案，两种说法，哪个更容易被客户接受，不言而喻。

要让方案更容易被客户接受，关键是从客户的心理角度，而不是从自己或者银行方面的心理假设来提出方案。

5. 获得认同后执行。最好的方案，没有执行也是一句空话。所以，在获得客户的认同后，要快速、不打折扣地执行方案。在执行过程中最好有明确的时间节点和负责人。一是可以落实方案，二是让后续的检查有据可依。

6. 进行总结和检查。高效沟通不是解决完问题就结束了。面对客户要总结，针对工作要检查，如果有必要的话，银行员工应该采取电话回访或者上门面谈等方式，让沟通呈现良性循环的状态。

微课：网点服务沟通六部曲

二、尊重客户，倾听客户意见

1. 先让客户把话说完。所谓沟通，就是信息的交流与互换。在网点服务过程中不满意的客户，其中有 1/3 因为产品或服务本身有毛病，其余 2/3 的问题都出在服务者与客户的沟通不良上。可见，客户沟通是客户满意的一个重要环节，在很大程度上沟通的畅通、有效与否决定了客户服务的效果。我们只有加强与客户的联系和沟通，才能与客户建立良好的关系。

社会学研究表明，最有效的沟通是 25% 的发问与谈话，75% 的倾听。很多时候，影响沟通效果的不是沉默，而是喋喋不休的谈话。当双方都急于表达自己意见的时候，是沟通效率变低的表现之一，因为双方将陷入信息不对称的状态，即沟通僵局。

我们都知道倾听的重要性，但是为什么一到实际沟通时，就又迫不及待地跟客户抢话说呢？一般有以下几种原因：

（1）对客户有成见，事先对客户下判断，臆测答复，所以打断客户的话。

（2）以为自己早就知道全部的答案了，何必那么麻烦，要听客户的意见。

（3）觉得已经弄清楚客户真正的需要，所以不用继续听下去。

不论你是不是真的已经了解了客户的需要且有了有针对性的方案，哪怕只是从礼貌的角度出发，也应该听客户把话说完。因为这是沟通中最基本的尊重。更何况，在客户还没有完全说出自己的意见之前，谁也不能保证能够全部掌握客户的需求。

请记住，客户需要的不仅是产品和服务，还需要得到心理上的满足。所以服务的质量通常会决定客户会不会再次光顾和合作。客户服务最基本的准则是让客户明白并理解你所传递的正面信息，同时让客户感受到他是受欢迎、受尊重的。

2. 客户的意见是前进的动力。根据心理学原则，当客户不满意时 4% 的客户会说出来，而 96% 的客户会选择默默离开。之后，90% 的客户会永远不支持这个产品或关注这家网点。而且他们还会把这种不满传递给 8 ~ 12 个其他客户，造成的不良影响是非常大的。

所以，不论客户有什么意见，也不论客户意见是否合理，首先我们都应该感谢客户所提出的意见，这本身就是一种帮助我们提高的动力。

延伸阅读：客户委婉提出反对意见时候的处理话术

3. 如何倾听意见才是尊重客户。倾听是一门学问，是需要锻炼的技能。一个全面的倾听过程，至少应该包括以下几个方面。

（1）坐姿。如果是跟客户面对面坐，上身可微微向客户方前倾；如果是并排坐，则应该双腿并拢，膝盖向客户微侧；如果是相对站立，要注意脚尖要对着客户，不要左撇或者右撇。无论是何种坐姿或站姿，头都要朝向客户，眼睛正视对方。

（2）视线。在倾听的时候，要看客户的眼睛，并且露出感兴趣的神情，这是对客户一种无声的认同和鼓励。如果客户是个性格开朗、性情直率的人，一般会回视并且表现出兴奋的神情。但如果客户是偏内向的羞怯者，可能会害怕目光的直接交汇，此时要注意避免长时间地注视客户的眼睛，可以改为在目光接触时，给对方一个肯定的眼神，然后适时移开。

（3）记录。倾听客户说话时，只要有条件，手里随时要准备做笔记，如果是坐在网点里，手指要在键盘上做打字的准备，或者握有纸笔；如果是站立的，也应尽可能地保持手头有能够记录的纸笔。这样做的好处，除了让客户感觉到自己的话被重视之外，也可以避免倾听时走神，以及手部出现不必要的多余动作，如摸头、玩手指、两手交叉、插入裤兜等，这些都是让客户觉得自己不被重视的不良习惯。

（4）反问。如果对客户的意见有不清楚的地方，不要含混过去，要有礼貌地请客户重复一遍，也可以说出自己的理解，询问客户是否正确，以免出现误差。特别是涉及具体情况时，不妨询问以“谁、什么、哪里、何时、为什么、怎样……”开头的开放式问题，使客户感觉到你在听他的诉说，并积极为他解决问题。

三、用客户喜欢的方式说话

1. 用好敬语、谦语和雅语。

（1）礼多人不怪，用好敬语。言语得体有度，也就成为沟通中很重要的一种素质表现。如果能在普通的“您好”“谢谢”“请”等礼貌用语中，适时加上一两句带有韵味的敬语，往往会令客户刮目相看，印象分大增。

常用敬语见表 4. 1。

表 4.1　　常用敬语的内容和用法

分类	敬语	内容和用法
“拜”字族	拜读	读客户或者其他人的文字作品
	拜会	和客户约会、见面
	拜托	为某事请客户帮忙
“奉”字族	奉告	告诉客户某事
	奉还	将来自客户的物品归还
	奉送	赠送给客户礼物
“高”字族	高就	用于询问客户的工作单位、职业性质
	高寿	用于询问老人家年龄
	高见	指客户提出的个人见解
	高攀	和客户认识、交朋友或者有更深的交情
	高堂	对客户父母的称谓
“贵”字族	贵姓	询问客户的姓，是最常用的服务敬语之一
	贵庚	用于询问客户的年龄
	贵恙	称客户的病
“惠”字族	惠赠	指客户赠与自己的东西（财物）
	惠存	多用于送给客户的东西，以书籍等纪念品为主
	惠顾	商家称客户到来的说法
	惠临	指客户到自己这里来
	惠允	指希望客户允许自己做某事
“令”字族	令堂	对客户母亲的敬辞
	令尊	对客户父亲的敬辞
	令爱	对客户女儿的敬辞，也称令媛
	令郎	对客户儿子的敬辞
“垂”字族	垂问	表示客户（多指长辈或上级）对自己的询问
	垂爱	称客户对自己的爱护（多用于书信）
	垂询	称客户对本单位（企业）事务的询问

当然敬语绝不止表 4.1 所列的内容，另外几个常用的敬语，例如，璧还：用于归还物品；恭候：用于等待；借问：用于打听事情；鼎力：用于表示感谢帮助；华诞：对他人生日的尊称等，都是在跟客户打交道时常常会用到的。了解并且适当地使用这些敬语，能提升客户好感度和满意度，让沟通变得更顺畅。

（2）谦虚不可过，用好谦语。谦语跟敬语是相对的，中国文化一向讲究“内外有别”，根据谈话者所涉及的人物以及双方的关系，秉持“内谦外敬”的基本原则。

凡是话题中涉及自己及自己一方的人，比如家人、同事、朋友等，就用谦辞，而涉及对方和与对方相关的人，则用敬辞。比如跟前文的“令”字族的敬辞相对的，就是“家”字族的谦辞，如“家父”“家慈”“家兄”“家师”等。

运用谦辞是为了表达对客户的尊敬，在抬高客户的同时放低自己的身段，但是不可无条件地贬低自己，以免失去人格和自尊。比如，常见的谦辞“忝列”，可以说“忝列门墙”“忝为人师”“忝居首席”等，但是不能说“不幸忝列”“居然忝列”，因为忝列是自谦辞。

常用的谦辞见表 4. 2。

表 4. 2　　常用谦辞的内容和用法

分类	谦辞	内容和用法
“家”字族	家父	称自己的父亲，也称家严
	家慈	称自己的母亲
	家兄	称自己的兄长
“舍”字族	舍弟	称自己的弟弟
	舍亲	称自己的亲人
	舍间	谦称自己的家，也称“舍下”“寒舍”
“鄙”字族	鄙人	谦称自己本人，也叫“敝人”
	鄙意	自己的意见、看法，也叫“鄙见”“愚见”
“敢”字族	敢问	用于向对方询问问题
	敢请	用于请求对方做某事
	敢烦	用于麻烦对方做某事
“见”字族	见教	用于请对方指教
	见谅	用于就某事请对方谅解

（3）雅俗咸宜，用好雅语。常用的生活雅语有：

请人原谅说“包涵”，求人帮助说“劳驾”，向人提问说“请教”；

得人惠顾说“借光”，无暇陪同说“失陪”，请人赠物说“割爱”；

归还物品说“奉还”，向人建议说“进言”，起身如厕说“更衣”；

需要考虑说“斟酌”，请人勿送说“留步”，对方到场说“光临”；

未及时迎接说“失迎”，请人接受说“笑纳”，祝人健康说“保重”；

接受好意说“领情”，挥手告辞说“挥别”，长久分别说“阔别”。

2. 采用客户喜欢的说话方式。从某种意义上讲，客户就是花钱“买经历”的人。客户在银行网点的经历，其中一个重要的组成部分，就是他们在这里所经历的人际交往。这种交往有时候对客户的忠诚度起着决定性的作用。

所以，面对客户，我们要为他们提供双重服务，即功能服务和心理服务。功能服务满足他的实际需求，而心理服务就是除了满足实际需求以外，还能使客户得到一种满足的经历。而妥善的措辞，就是为客户营造这种气场的主要手段之一。

延伸阅读：如何跟强势客户沟通？

跟客户沟通的时候可以参考以下五种方式：

（1）循序渐进。跟客户沟通应遵照由浅入深、从易到难的方法。开始时，避免难题，先解决容易沟通的问题，打开缺口，逐步扩展。一时难以解决的问题可以暂时抛开，等待适当时机。

（2）寻求共同点。物以类聚，人以群分，跟客户沟通时，应避免讨论一些容易产生分歧意见的问题，应先增强彼此的共同利益。当谈得差不多的时候，再把那些问题拿出来讨论，这样双方就能够比较容易地取得一致的意见。

（3）突出利益。在沟通中，客户最关心的问题是能否为自己带来利益，能带来多大的利益，或者是否会损害自己的利益。因此，沟通时必须耐心细致，不厌其烦地把客户所享受到的好处讲深、讲透，让客户相信自己是获利者，或者该方案能够解决他的难题。如果客户不能马上做出决策，就应该耐心等待。同时，在等待的时候，可以适当地运用幽默达成共识。

（4）用数据说话。数据是说明事实的好办法，特别是面对从事技术性工作或者精密工艺的客户，运用数字来沟通将是事半功倍的办法。这个数据的范围非常广，时间、金钱、利率、利息都可以成为数据。

大堂经理可以这样化解客户的抱怨："先生，您应该听过一个段子，说比尔·盖茨看到路上有 100 美元，会不会弯腰去捡？答案是不会。因为那一秒钟捡钱的时间，盖茨干别的，收入比 100 美元多得多。现在我帮您算笔账：假定您现在接受我们银行的道歉，我们为您重新办理该业务，只需要 5 分钟就可以达到您原来需要的目的。虽然中途有点不愉快，但至少损失已经降到最小。如果您继续阐述您的不满，我肯定认真倾听并记录——因为这是我的工作，可是对您这样一位公司的重要人物来讲，您不觉得浪费了更宝贵的财富吗?"

（5）引用其他例子证明。人都有从众心理，为了让客户相信你所说的一切是正确的，可以引用例证，这点是沟通中的常见手段。

3. 需要规避的说话方式。得体的言语让客户感觉良好，有助于沟通，但在日常生活中，也有一些语言是让客户反感的，所以在服务过程中一定要注意规避，免得带来不必要的麻烦。

比如，言语含糊，语音不清晰。这样会让客户听不懂、听不清，显然不是客户喜欢的说话方式。

有些服务人员在客户呼唤时，往往随口一句"干什么"或者"什么事"，这也不是让客户喜欢的说话方式。正确的说法是使用"您好，请问有什么可以帮您做的?"或者"您好，竭诚为您服务。"等服务用语。

在与客户交谈时，除非必要，尽量不要涉及客户的年龄、婚姻、收入等，这违反了服务语言的局限性，超出了服务工作的范围。

如果客户提出的要求很难满足，那么在拒绝客户的时候，要有合理的解释，设法让对方明白你的处境，从而谅解你。但是拒绝后，从其他角度提出一些补救的办法，以显示拒绝的是事而不是人。

延伸阅读：与客户沟通时应避开的坑

任务三 银行网点投诉处理

一、投诉处理的标准原则

1. 耐心、仔细、放松地倾听，并认同情绪和事件。在提出投诉的客户中，难免会有一部分客户性格偏激，情绪容易激动失控，处理不好他们的投诉，就容易引发更高级别的投诉和冲突。因此，当客户怒气冲冲来投诉时，投诉处理就一定要倾听客户的诉求，并尽量稳定客户的情绪，先处理心情，后处理事情，在态度上给客户一种亲切感，避免对立面的产生和矛盾的激化。

稳定客户的情绪是处理客户投诉的关键，认同客户的情绪则是稳定客户情绪的关键。首先要处理好自己的情绪，才能去稳定客户的情绪。在客户情绪激动的情况下跟随客户的情绪一起激动，只会让事态发展更加严重，导致投诉升级。双方只有在冷静的情绪下，才可能顺畅地进行沟通，达成谅解并取得双方都能认可的结果。

假如地上有一只皮球正在上下弹跳，你如何让它停下来？有人说抓住它，有人说按住它，可是这两种做法都可能会导致一种不好的情况——万一抓不住呢？万一按不住呢？它会反弹。这就像在投诉处理中，你拼命地跟客户说“不要吵了”“您听我说”，而客户总是会说“你听我说”，结果谁也不听谁说。

让这只皮球停下来的最好方法就是不去管它——你不去管它，它自己就会停下来了。客户在那儿吵，你就让他吵；客户在那儿讲，你就让他讲，认同地说：“对，先生您讲得对。”客户如果生气，你就表示理解和赞同，比如：“对，先生，您应该生气，我遇到这种事也会生气。”“我耽误您时间了，我知道确实耽误了，如果我是您的话，我也觉得耽误了。”

如何才能耐心、仔细、放松地倾听客户的投诉呢？

（1）选择合适的地点安抚客户。如果客户是在网点内公共区域进行投诉，那么要专人陪伴客户到舒适、安静、与公共区域隔离的地方，避免客户投诉时的激动情绪和言语在网点内散播而影响其他客户和员工的业务办理。

（2）尽量让客户坐下而不是站着说话。心理学研究表明，人的情绪高低与身体重心高度成正比，重心越高就越容易情绪高涨，站着沟通往往比坐着沟通更容易产生冲突。因此，为了尽快安抚客户的情绪，一定要想办法让客户坐下。比如，可以在接待投诉的地方专门安放一些比较矮的座椅或者沙发，客户只要一坐下就会重心下移，火气就容易消了。

（3）不断重复和确认客户所表达的内容。可以将客户抱怨的内容进行记录和整理，态度上显得非常正式、认真，让客户感受到自己是被理解和重视的，然后用自己的语言反馈客户，例如，“为了保证我准确地理解了您的意思，跟您再确认一下，您的意思是……我这样理解对吗？”这种重复和确认，一方面可以让客户感受到你对他所说的内容的重视，另一方面会吸引客户专心听你讲话，寻找错误或遗漏之处。这不仅能够转移客户的注意力，帮助客户消气、平静下来，也有助于你掌控沟通的主动权，化干戈为玉帛。

2. 运用询问的方式向客户解释，掌握主动权。投诉处理要先做什么？先给客户倒水？不对。先请客户坐下？不对。先安抚客户的情绪？不对。投诉处理时，你要做的第一件事就是掌握主动权。掌握主动权最好的方式是什么？提问。两个人面对面沟通时，一定是提问多的那一方掌握主动权。

比如，去医院看病时，一般是医生问病人答。“哪儿疼啊？”“胃疼。”“疼了多久了？”“疼了好几天了。”“每天什么时候疼？”“吃饭前。”“什么时候不疼呢？”“吃饭后。”“饿的。”

所有专业的投诉处理者都善于做一件事：发问。如果你实在不会提问，就问客户一句话：“我现在帮您解决，行吗？”客户只要说“行”，就可以了。

3. 运用适当的方式拉近与客户的关系。某个银行网点的投诉处理满意度特别高，其“杀手锏”有两个：一个叫“谁认识他”，一个叫“他认识谁”。关系拉近了，事情就好办了。

要想和客户拉关系，最好的方式就是赞美。赞美有两个关键：一是在骂声中赞美客户，二是寻找客户的需求点而不是优点。

延伸阅读：赞美客户常用语

（1）在骂声中赞美客户。辽宁某家银行网点有一个五十多岁的女员工，她是这家银行投诉处理的终结者，她跟客户沟通，非常会赞美。“女士，一听您的声音，就知道您是一位年轻漂亮、时尚优雅的白领丽人。”“你怎么听得出来？”“不知道为什么，反正就是听出来了。”这样的话，哪位客户不爱听呢？

中国有句古话，叫“滴水之恩，涌泉相报”。只要你对我好，我就对你好；只要你对我不好，我就加倍对你不好。所以，在处理投诉时，不要被客户的负面情绪影响，而是要用我们的正面情绪去影响客户。

（2）寻找客户的需求点，而不是优点。譬如，家庭主妇陈妈妈厨艺很好，如果你说“陈妈妈，我觉得你做饭很好吃”，她不会有感觉。但如果你说：“陈妈妈，我发现你很有远见，很多年前就让儿子学这个专业，真是有远见。”她就有感觉了。

这个方法放在客户身上同样适应。譬如，你夸一个工作不错的客户，“我觉得你工作很认真”，他不会有感觉，但如果你说，“我发现您真是一个很细心的人，每件小事都如此细致，感觉非常与众不同”，他就有感觉了。

二、投诉处理的步骤

1. 第一时间接受投诉。客户投诉处理方法的第一步叫接受投诉，要求迅速受理，绝不拖延，这是第一个要素。避免对客户说，“请您等一下”，因为你并不了解这位客户的性格，这个投诉对他的生活以及工作有多大影响。

要知道，很多本来可以一次解决的问题，往往是因为客户提出抱怨或者投诉时被怠慢而升级为更严重的事故。

反之，即使是让客户非常不满的问题，如果网点工作人员能够快速受理，即使因为其他原因，不能立即将问题解决，至少也表达了解决问题的诚意，可以安抚客户的情绪，避免矛盾激化。一旦接到客户的投诉，绝不拖拉，第一时间受理才是解决问题的关键。

2. 用心聆听，平息怨气。客户在投诉时，多带有强烈的感情色彩，具有发泄性质，因此要及时平息客户的怨气。即便工作人员很及时地受理了投诉，还是有可能会遇到客户发脾气的情况。客户会因为你的及时受理不再增添新的火气，但及时并不足以让客户不发脾气。这个时候千万不要试图去制止客户的火气，尊重他，先表示歉意，让他发泄。客户之所以动气是因为遇到了问题，你漠不关心或据理力争、找借口或拒绝，只会火上浇油，适时地表示歉意会收到意想不到的效果。

当然，在当客户的“出气筒”的同时，更重要的是倾听，这会帮助你了解客户的真正意图。

通过客户的抱怨，我们能了解他所认为的真正问题是什么，他这次投诉真正要达到的结果是什么。处理投诉时，千万不要主观地认为客户是遇到了什么问题，也不能单纯地从语言上进行判断，而一定要结合客户的个性特点，通过他关注的焦点进行分析归纳，同时换位思考，力求从客户的角度来看问题，以实现共鸣。

在适当的时候，可以向客户表示同情。可以在客户的话语中，找出双方同意的观点，表明你是理解他的。如果对方知道你的确关心他的问题，也了解他的心情，怒气便会削减一半。

[案例]

饶先生在楼下收信箱里看到一封“××支行”寄来的贷款明细单。地址楼号与自己家的一样，但收件人却是另一个人。饶先生从来就没有在这家支行贷过款，为了查明此楼房是不是一房二贷，饶先生致电查明原由。

客户经理：“您好！请问有什么可帮到您的？”

饶先生：“我收到你们寄来的贷款明细单，可我从来没在你们那里贷过款。”

客户经理说：“我们不会错的，我们是按柜台部录入的资料邮寄的，您打柜台部电话问吧。”

饶先生打到柜台部，柜台部人员马上回复：“我们不可能错，所有的资料都经过客户经理仔细核对过了。”

饶先生无奈向上级部门反映，行长责成该支行再次核实。后来经查对，是柜台部人员将F栋楼录成了E栋楼。但柜台部人员认为是客户经理未仔细核对贷款人姓名和地址才产生错误的。饶先生想：既然他们都没错，到底是谁错了？

其实这样的事情，完全可以第一时间处理完毕。

当接到客户的质疑电话时，客户经理应该回答：“请稍等，我们查一下，会在15分钟内给您回复，您看这样可以吗？”

然后客户经理到柜台部核查贷款人资料，发现差错后立即更正。

之后，客户经理再打电话表示歉意：“饶先生，非常抱歉给您添麻烦了，是我们疏忽将收件人地址录错了，真是不好意思。”

……

人与人之间的相互理解是化解矛盾的良药，处理抱怨和投诉的精髓，就是“谁错不重要，客户满意最重要”。

3. 了解问题，探讨解决。在给客户一个宣泄不满和委屈的机会，令其分散了心里积压的不满情绪后，就要抓紧时机，进入投诉最终的处理。比较常用的方法是用提出问题来把投诉由情绪带入事件，并随时做好记录。

接下来就是探讨解决的方案。即投诉怎么处理？是退，还是换，还是赔偿。很多网点工作人员往往是直接提出解决方案，这样客户已经失去了选择的余地。真正优秀的做法应该是下面这样的。

第一步：先了解客户想要的解决方案，主动提出："您觉得这件事情怎么处理比较好？"或者："您觉得我们怎么处理您才会满意？"让客户先说出自己的想法和需求。

第二步：提出银行方面的解决方案。这个方案应该是在结合客户的个性特征和他的需求后的调整方案。再次征求客户意见："我们的解决办法是……您看还有什么需要调整的吗？"

在和客户达成意见统一后，迅速处理该问题，不要担心你的让步会让客户得寸进尺。当客户的情绪得到了发泄，而我们的工作人员又表现得非常有涵养，他平静下来后往往会觉得刚才有点过分。因此，受到理解和尊重感染的客户，绝大多数也会以理性的态度来面对问题，解决问题。

等问题处理完毕，一定要记得感谢客户，感谢客户是处理投诉最关键的收官之笔，是维护客户的一个重要手段和技巧。网点工作人员需要说三句话，来表达三种不同的意思：

- 再次为给客户带来的不便表示歉意；
- 感谢客户对银行的信任和惠顾；
- 向客户表决心，让客户知道我们会努力改进。

延伸阅读：一则处置得当平息客户怨气的案例分析

三、难缠客户的投诉处理策略

一个讲道理的客户在不满的时候可能会变得不讲道理，然而从根本上讲他还是有理智、讲道理的。在发泄完情绪，并且得到尊重之后，他会恢复理智，冷静地处理问题。这样的客户在投诉中还是占很大比例的，用常规的处理步骤就可以解决。但是有的客户本来就很难沟通。这些客户具有以下主要特点和表现（见表 4.3）。

表 4.3　难缠客户的主要特点和表现

客户类型	主要特点和表现
易怒的客户	脾气暴躁，说话冲，高声，容易对小问题发火甚至暴跳如雷
素质差的客户	品行很差，下流或令人讨厌，可能就是流氓地痞，但也是银行的客户
矜持的客户	有真实想法却不愿意说，表现得很高傲，一般比较难沟通，也不太容易接受服务人员的建议
犹豫不决的客户	在投诉的时候，往往给出很多解决方案，还反复地推翻，费时费力
爱争辩的客户	不论什么解决方案都会提出反对意见
批评家	习惯于指责身边的任何事物，看待任何产品和服务的时候，都带着批判的眼光，属于一种发泄性质
古怪的客户	思维跟一般人不一样，经常会提出一些超出客户服务人员想象的问题，很难摸清他的思路

具体来说，难缠客户大多有以下心理的一种或者几种：

- 他们疲劳和沮丧；
- 他们对某件事或者某种现象存在困惑或遭到打击；
- 他们有意识地在保护自我和自尊；
- 在人群中他们感到被冷落，所以加倍表现；
- 他们不善于表达，或对语言的理解能力很差；
- 他想找个倒霉蛋出出气，因为他的生活中没有多大的权利或被欺压；
- 他觉得如果对你凶一点，就能迫使你满足他的要求。

在面对难缠客户时首先要有耐心，尽量不要与客户正面对峙，更不可争吵。当客户生气、抱怨时要认真倾听，不要做负面反应或负面设想。在跟客户沟通时一定不要提高嗓门。只要客户有意见，不论是否合理，先让他提出来，再与客户一起找出问题的关键所在。这是化解矛盾的契机，也是改进服务质量的重要手段。

客户在投诉时情绪激烈，经常会对服务人员恶语相向，但我们不能反唇相讥，把矛头直接指向客户本人，那样就不再是就事论事，而是相互之间的一种人身攻击。

比如这样的对话：

客户："你怎么这样，我头一回碰到你这样的工作人员！"

工作人员："我在网点干了三年多，也没见过你这样的客户，别人什么事都没有，怎么就你这么多事？"

客户："你们银行的服务问题太大了，我要找你们领导。"

工作人员："我不是已经给你说了吗，对不对，我不是已经给你解决了吗，你干嘛还不满意？"

……

当然难缠客户之所以麻烦，很大原因是他们还会提出一些根本不可能满足的要求，如果工作人员告诉他这是无法满足的要求，客户就很容易翻脸。此时，要注意说话的方式方法，不要直接拒绝，也不要说"不行"或者"不能"这样的字眼，而是告诉他我们可做到的是什么。如果客户一直坚持他的要求，那么礼貌地重复你能做到什么，如果客户放弃了，投诉处理就结束了。

微课：投诉处理

四、投诉处理过程中的大忌

1. 不可没耐心，急于打发客户。肯来投诉的客户其实还是对银行网点存有希望，愿意再给一次机会的人，但是投诉如果处理不好，就会引发矛盾升级。结果，可以一次解决的投诉反而造成客户升级投诉。

[案例]

一天，一位客户来取钱，发现网点已经人满为患。他自己拿到的等号条上面显示，前面还有 154 个人。但这样的情况，网点居然只开了两个窗口。这位客户向大堂经理提出，是不是可以多开几个窗口。大堂经理随口答应说"好"。但是十几分钟过去了，也没有见到另开窗口。

客户急了，在大厅里搬了一把椅子坐在了门口。当有人来，他就拦住，说："这里人很多了，去别的银行吧。"很多客户看到这个情况就走了。

保安过来交涉，这位客户反而来了精神，大吵大闹，说："反正今天我也不办业务了，就干扰你们了，怎么样?"情况有点严重。

这时交接班的大堂经理刚刚进门，看到这个情况，二话不说，上去挽住客户的手说："先生，您在这里吵影响不好，我是大堂经理，我陪你去找我们行长，我们去他办公室吵。"

客户一愣，被拉走了。网点的秩序恢复了正常，而客户也在大堂经理办公室喝了杯茶后，冷静了情绪。一场可能会出现冲突的风波消失了。

上述案例中，客户不满情绪的升级源于值班经理的懈怠，让客户觉得自己的意见不被重视，所以采取了极端的报复手段。如果当时值班经理认真对待客户的建议，和上级领导商量增开窗口，即使真的不能增开也向客户说明情况请客户体谅，又何至于出现客户堵门这样的闹剧?

2. 不要急于为自己开脱。客户来投诉，并不是针对某个工作人员，因为从客户的角度来说，工作人员代表的是网点，是银行。所以，处理客户投诉时，最忌第一反应说"这不是我的责任""这不归我管，你去找 × × ×"这样的语句。

网点是一个团体，如果碰到客户投诉，不论是大堂经理、柜员、保安、保洁都应该意识到，如果这个投诉处理不好，将是影响整个营业网点声誉的事情。所以，面对投诉，不要急于想："这是不是我的工作范围"，而是先想："我能为这位客户做什么?"因为，在客户眼里，我们都是银行网点的工作人员。

3. 不要说这样的话

（1）"这是常有的事。"这是句实话，但是很伤人。投诉处理人一天面对几百件投诉，对一些情况已司空见惯了，但客户不是这样。客户从自己的角度出发，碰到这样的事很意外、很诧异也很生气。如果投诉处理人告诉客户"这是常有的事"，等于向客户传递了两个信息：我们银行的服务和产品很糟糕，所以老出这类问题；你们的投诉对我们来说不重要！客户会有什么反应，可想而知。

（2）"绝对不可能发生这种事。"很难找到比这句话更能激怒客户的了。客户来投诉，就是因为"发生了这种事"。如果投诉处理人直接否认，给客户的感觉就是你推卸责任，那么客户的情绪就会升级。

（3）"银行的规定就是这样的。"的确，有些客户投诉并且提出的要求是跟银行的规定有冲突的。但是这样说，等于告诉客户：这事我办不了。所以，可以换一种说法：虽然银行有规定，但是我们可以看看是不是有别的解决办法?

（4）"改天再和你联系。"有些问题的确不是当场就能处理的，这时候，投诉处理人如果说出"改天联系你"的话，虽然看起来没有差错，可是会让客户很焦急：到底是哪天呢? 因此，要尽量告诉客户明确的时间。比如，"这个事情正常处理需要两个工作日，我后天再给您打电话告诉您处理结果，好吗?"这样，客户心里就有底了。

延伸阅读：投诉处理不能违背的原则

任务四　银行网点服务创新

一、打造全新的服务方法

伴随经济社会的发展，公众对网点服务的多元化要求越来越高，网点客户的期望值也在不断上升。客户至上，是服务行业的生存法则，也是银行业永恒的理念。因此，只有规范、周到的金融服务才能赢得客户的信任，只有不断创新的金融服务才能赢得客户的忠诚度。

银行网点长期存在服务内容单一、服务渠道单一、金融产品更新慢、营销机制僵硬、市场定位缺失等痼疾，提升银行网点的形象要从打造全新的服务方法做起。

为此，可以从以下三个方面努力。

1. 改进现有服务模式。任何一种事物，任何一种方式方法都不是完美的，随着客观环境的变化，以及客户主观需求的不同，网点服务必须要不断创新。为改进现有的服务模式，可以从对比着手：一是纵向比较，对自己原有的服务环境、服务措施、服务方法进行前后比较，然后不断加以完善；二是横向比较，观察同业竞争对手的银行网点的先进做法，发现自身不足并迅速加以改进。

［案例］

广州某银行网点在大厅内摆放等候椅、填单台、报纸杂志和安装电子显示屏，以及设置网银服务区等设施，理财区域则配置了三种以上的饮品供客户选择。

该网点将普通区域长期封闭不营业的服务窗口加以改造，用来向客户宣传金融基础知识。在理财中心的理财室门前，专门设置理财经理专家牌，向客户明示理财经理的专长和在岗情况。在大厅等待的客户，还可以通过电子设备自动查询办理各项业务的程序及要求。这些细节的改进并不是一蹴而就的，而是在不断听取客户需求、反思自身的前提下持续改进的。为此，银行赢得了客户多年的好评。

2. 移植先进服务方法。所谓移植，就是在不违背知识产权原则的前提下，汲取他人的经验，对自己原有的东西加以完善。移植也是一种创新。移植的内容可以是国外的，可以是其他地区的，也可以是其他行业的。

需要注意的是，在移植先进服务方法时不能机械地模仿，而是要实行改进式模仿。因为先进的服务方法都有其独特的适用范围，有些还有特定产生条件，在移植时要考虑这些特殊性，选择适合自己银行网点的服务方法，并适当进行改进。这样不但能够跟进，而且能够领先，变被动为主动。

3. 组合既有服务要素。组合即把不同服务要素或不同服务方式方法进行创新组合。银行网点常见的服务要素创新组合大致有以下几种方式：

（1）服务者重组，如设置咨询台、引导员、大堂经理助理、大堂经理和理财经理等；

（2）服务业务组合，把单一业务有机组合成综合业务服务；

（3）服务方式组合，根据客户群体的需求，将标准化、个性化以及差异化服务方式进行有机组合。

当然最好的创新就是创造出目前没有的服务方式方法，更早、更快、更周全地满足客户需求，这将是在竞争中保持领先的法宝。

微课：网点服务创新

二、树立品牌服务的服务理念

银行网点金融服务的一个主要特点，就是提供的商品自身的差异较少，因而同业之间的竞争主要体现在服务的水平上。网点服务的创新，除了不断开发差异化的服务措施外，还要重视银行服务的品牌理念。

不难想象，金融产品创新、差异化的服务措施等竞争手法很快就会被同行所效仿，具有品牌价值的优质服务才是价值优越、不可模仿、不可替代的。所以，品牌服务才是网点真正的核心竞争力。

［案例］

瑞士银行的品牌内涵，是“安全、稳妥”，它是全世界最安全的银行，而不是某个产品或者服务态度。1934 年制定的《银行保密法》在瑞士的大小银行中都得到了严格的执行，从而使瑞士银行在全世界树立起“安全、稳妥”的品牌价值。

几十年来瑞士银行一直坚持“客户保密”的原则，最终成为世界上众多政客和商人的保险箱。因此，大量资金源源不断地在瑞士积聚，形成瑞士银行新的比较优势，也让瑞士成为当前世界离岸货币交易中心之一。究其原因，可以说“安全、稳妥”的品牌价值是其一大焦点。

如何让品牌服务落实到位？

首先，要对品牌认知进行深度发展，即从态度认知转变为价值认知。现在很多银行网点都不缺乏自己的服务精神与态度的诉求，但态度只是一个服务的姿态，而价值才是一个品牌所具有的核心竞争力。因此，网点需要什么样的品牌价值，就是服务创新、品牌服务管理需要面对和解决的问题。

其次，要让产品品牌成为品牌价值的有力支撑。

银行产品品牌的开发是逐步深入的。虽然我们一再强调要不断创新产品，但在开发产品品牌时也要有节制地开发，要保持现有品牌认知的完整性和纯净性，特别是新开发的金融产品，不能对当下的母品牌有所干扰。

当然，也不是说市场有需求也不开发，而是要开发有差异化的产品，特别是要形成焦点性的产品品牌，以带动更多子品牌的发展。最好是开发几个有特点的产品品牌，形成高、中、低全面覆盖的格局，体现品牌价值的焦点与层级。

服务品牌可以将银行网点的一系列产品服务贯穿在一起，形成很好的品牌认知，使网点的功能服务变成情感服务。

三、建立科学的服务流程

科学的服务流程要求规范化、标准化、高效率，可以分别从多角度、多方面加以印证。

在营业厅设计理念上，要确保营业大厅装潢素雅高贵、宽敞明亮，同时配备方便箱、饮水机、雨伞、阅报栏等各种便民设施，营造标准化、人性化的营业环境，使网点成为整齐划一的标准化精品窗口。

在网点面对客户的接触面上，各种服务都应该是标准化、规范化。要做到统一着装，统一服务用语，推行柜台服务“六要素”，实施现场“5s”管理，统一操作流程，使客户感受到银行网点与众不同的服务品牌。

微课：银行网点如何缩短客户等候时长

要做到服务流程一致。即要求服务流程规范和标准一致，客户体验一致，前中后台服务流程高度衔接，为客户提供“一站式”服务。

形象要求统一。即要求网点装修、视觉形象和宣传品形象统一。

在服务效率上，要保证准点到岗、按时营业，为客户提供最大便利。在此基础上，确保柜面服务快捷高效，降低客户的时间成本。

在信息和资源共享上，要进一步完善以网上银行、电话银行、自助设备为主的自助服务网络，以适应客户快节奏的需要。

服务监测方法也需要改进。目前，银行柜面新员工多，柜员在与客户的沟通中，言语过于随意，没有表现出应有的专业性和规范化。应加强标准术语的推广和监测，以提高柜面服务人员的专业性和标准化服务水平。

在服务培训方式上，要重视培训资源的整合，提高服务培训效果，尽量采用寓教于乐的方式，加深员工对服务规范的了解和掌握。同时，要重视培养和扩大本行的服务内训师队伍。

一套科学的服务流程包括方方面面，既有对前台直接接触客户的服务细则，也有对整个服务队伍培养的要求。对个人来说，优质服务是一种由内而外的心态和气质；对银行来讲，优质服务是整个银行机构良性运作的试金石。这也就是为何金融服务创新在目前银行业竞争中处于重要地位的原因之一。

测验 10：银行网点服务管理

模块三　银行网点营销管理

【主要内容及学习目标】

本模块主要介绍银行网点的营销管理，如何厘清网点营销工作实施的难点与重点，如何开展营销工作。通过本模块的学习，要求学生掌握以下几个方面的目标能力：

1. 了解银行网点营销实施难点；
2. 了解银行网点营销队伍建设的重点；
3. 掌握银行网点营销流程；
4. 掌握银行网点常见营销策略。

任务一　银行网点营销实施难点

一、制约网点营销的短板

1. 流程短板。主要问题是营销岗位不健全，营销区域不明确。

一提到银行网点，很多人想到的是业务办理和服务投诉，很少有人会关注是否设立了销售区域和营销岗。因此，银行网点里没有专门的销售区域。

我们知道，网点服务有服务流程，比如“您好，请问办理什么业务?”业务有业务流程，比如“请问您带身份证了吗?”可是营销却欠缺专业的营销流程。销售时第一句话怎么讲、第二句话怎么讲、第三句话怎么讲、成交时怎么讲，都缺乏专业的流程和话术。所以，银行网点内专业的销售流程要逐渐建立并完善。

[案例]

玉兰油护肤是宝洁公司生产的。但在客户的心目中，宝洁公司是专业生产洗发水、沐浴露和牙膏的。所以，玉兰油一开始卖得不是很好。后来玉兰油找了一个专家。专家建议，销售要有销售的流程。于是他专门为玉兰油专柜设计了三个问题和五个步骤，作为营销程序。只要客户走近1.5米的位置，就问客户三个问题、说出这五个步骤。“您想要什么效果的产品?”“您之前用的什么牌子/哪款产品?”“您的护肤步骤是怎样的?我来帮您搭配一下产品。”这三个问题成为玉兰油的“黄金三问”。凭借明确的销售流程，玉兰油一年之内营业额增长了至少30%。

可见，流程在销售业绩提升中具有重大作用。

2. 地理短板。主要问题是营业网点的动线布局不合理，营销时间短暂。

如果客户一进网点就能看到柜台，他还有心思听你介绍业务吗?如果让客户站着听你介绍业务，他还有心情听讲吗?所以，动线布局对网点的销售有很大的促进或制约作用。

在银行网点中，聊不了心情，也聊不了感情，只能聊事情。买与不买，也就是几分钟之内的事情，因此营销时间很短暂。要想抓住宝贵的营销时间和营销机会，就要做好动线布局管理。

3. 技能短板。主要问题是产品解读不够，营销技巧缺乏。

[案例]

客户问银行柜员：“你们有理财产品吗?”他说：“有的。”客户问：“有什么样的?”他说：“有30天的、61天的、75天的、89天的、96天的、120天的、300天的、400天的、3年的、5年的、15年的……”他还没有描述清楚，客户已经烦了。

在网点，有时候客户问员工说：“你们有什么主推业务?”员工往往会说：“都是主推业务。”“你们有多少种产品?”员工说：“几百种。”这种回答就相当于你去一个餐馆吃饭，问服务员："你们有什么特色菜？"他说："我们有两百多道特色菜。"你恐怕还没有听完就不想吃了。

都是重点就等于没有重点。因此，员工对产品的解读不够，营销技巧缺乏，会错失很多的销售机会。

4. 激励短板。主要问题是营销氛围营造不足，营销激励制度不完善。

银行网点员工的月工资中，销售业绩收入所占的比例很低。假如员工的工资绩效考核中，销售的绩效连10%都占不到，员工会怎么想？我不做销售，能腾出50%的时间办业务；我做销售，很可能时间花了没有效果，10%的提成还不一定能拿到。我花这个时间去做销售，也许在做销售的时候，还不小心把业务办错了——产品卖不出去，只是没奖金，而办错业务还要被扣钱，这样一来很不划算，所以还是别做销售了。这种激励机制就会抑制员工做销售的热情和动力。

因此，银行网点必须建立有效的绩效管理机制和激励约束机制，促进员工积极提升营销意识和技能，并切实提高员工的整体技能和素质，为整个网点的营销开展提供制度和人才保障。

微课：网点岗位间的销售协作与客户分析识别

二、网点各区域销售实施难点

结合表4.4可以看到，网点内各区域都存在销售的实施难点。

表4.4 各营销区域的优势和劣势

营销区域	优势	劣势
柜面	直观、影响力强	时间压力大
休息区	时间充足	易受环境影响
体验区	设备丰富、环境好	投资大、更新慢
宣传海报和展架	成本低、更新快	无重点、缺乏影响力

1. 柜面。柜面营销最大的优势是直观影响力强，两个人面对面买就买了，不买就不买，销售是有影响力的。柜面营销最大的劣势是时间压力大。正在办业务的客户会说："不要跟我说别的，快点办业务。"后面等待的客户也会不耐烦，眼神似乎在说："不要再卖东西了，浪费时间！抓紧时间办业务吧！"

因此柜面营销需要注意两个方面：一是在客户来柜时要快速判断客户类型、可以推介的产品或服务，以及选择哪些简洁有效的营销话术等；二是在客户离柜台后进一步挖掘和维系客户。

客户来到柜面办理业务时，柜员要对客户的年龄、性格等迅速做出判断，并对客户手中所拿的单据进行细致观察，留意客户的每一个眼神、表情和不经意的动作，通过对客户的初步判断观察客户的消费心理和消费习惯，进而有效地指导下一步的营销行为。如果客户很有营销潜力，但是限于柜台服务的时间压力而难以深度营销，可以等客户离柜后继续与客户保持联系，利用适当的时机上门营销（如客户生日等），这就做到了柜面营销的延续和深入，克服了柜面营销时间压力大等劣势。

2. 休息区。休息区营销的优点是客户等候的时间相对较长，营销的时间也最充足。可是如果在休息区做营销，你会发现很容易受环境影响。比如，你刚费尽口舌说服第一位客户，而客户也正准备买的时候，旁边一个客户说："那个业务太贵了，不划算。"刚把这两个人都说服了，旁边又来了一个客户说："哎呀，这个业务没意思，我早就办过了，今天就是过来把它退掉的。"这样就前功尽弃了。

3. 体验区。体验区营销的优势是设备丰富、环境好，劣势是投资大、更新慢。

［案例］

广东珠海某银行有一个体验区，很豪华，楼上楼下三层，像迷宫一样，从这个门进去就不知道从哪个门出来，体验不完是出不来的。人机交流，互问互答。一按按钮就能升起几块屏幕，然后给你介绍业务，科技含量很高。这个体验区花费了两三千万元，环境很好，设备也很丰富。

可是，并非每一个银行的网点都花得起两三千万元，体验区的设备旧了，就难以吸引客户来体验。

4. 宣传海报和展架。宣传海报和展架的优势是成本低、更新快，它们的摆放是否科学直接影响到其使用效果。因此，要想实现预期的促销效果，就要合理放置宣传海报和展架。

张贴海报有以下几种摆放方式：

第一，鹤立鸡群形，即整个网点只有一张海报，这样海报的内容就可以得到最大化的体现。

第二，一字排开形，即把很多海报一字排开，张贴在一起，其中最好的位置是最接近大客流量的位置。

第三，品字形，即三张海报像品字一样摆放，可以给客户一种立体感，吸引客户的目光。

第四，十字形，即四张海报两张一排，分成两行张贴，这适用于空间比较大的网点。

悬挂或者张贴海报时的高度要合适。悬挂式海报的悬挂高度，既要避免因距离客户太远而影响宣传效果，又要防止挡着客户的视线；张贴式海报的张贴高度在距离地面70～160 厘米的位置比较合适。

海报或者展架的数量要适中。这些宣传品的数量并非越多越好，因为数量过多会让人产生厚重感、压抑感，并遮挡通道内的客户的视线，产生适得其反的效果。现在银行网点经常把这类宣传品摆放得到处都是。展架样式不同，易拉宝的高度也不一样，海报贴得到处都是——满眼看到都是宣传品，却没有突出重点。在这种情况下宣传品就缺乏影响力，起不到促进销售的作用。

微课：银行网点各区域的销售重点

任务二　银行网点营销队伍建设

一、组建营销团队

组建一个营销团队需要对人才进行筛选，既需要个人能力比较强的员工，同时也需要能够互相配合、发挥团体力量的人共同组成一个优秀的团队。一般来说，组建一个优秀营销团队需要考虑以下几个方面的问题。

1. 选择营销团队需要的人才类型。营销团队需要的人才主要是能够吃苦耐劳、坚持不懈的类型。营销本身就是一件极具挑战性的工作，不仅会碰到各种客观存在的困难，还会遭到客户多次拒绝，只有具备良好的抗压能力和坚持不懈的精神才能把营销工作做好。

2. 寻找需要的营销人才。寻找人才的途径有很多种，大致可分为内部招聘与外部招聘。内部招聘是从银行网点内部员工中通过提拔、工作调换等方式物色到适合营销的工作人员。外部招聘则是通过招聘网站、人才市场等途径来找到合适的营销人员。

内部招聘的人才更熟悉银行网点的工作，能更快地进入工作状态。而外部招聘的人才则可能具备更多的潜能，可以为银行网点注入新鲜血液，给以往银行网点员工的风貌带来一些改变。

3. 对选择的人进行考核。只有真正适合做银行网点营销的人才能做好营销，因此，招聘到的员工要通过考核，才能最终判断其是不是符合银行网点需要的营销人才。考核的方式可以通过制定模型测试，也可以通过实践来检验。

二、甄选优秀的客户经理

客户经理是银行与客户之间的桥梁和纽带，是两者之间信息的传输者，起到传递信息与维护关系的作用。甄选优秀的客户经理要从网点的实际出发，明确需要的人才。一般甄选的客户经理需具备以下几个素质。

1. 道德素质。道德素质表现为具备良好的职业道德和敬业精神，做人诚实守信，遵法守法，严格要求自己。对待工作有团队意识，能够协调好同事之间的关系，并有强烈的社会责任感和使命感为客户竭诚服务，向客户宣传网点的文化和产品。

2. 业务素质。业务素质表现在以市场和客户为上帝的服务态度上，做事情有敏锐的洞察力，愿意接受和面对挑战，善于从中学习新知识。在工作中具有创新精神，工作效率高，具有丰富的营销技巧和经验。处事果断，应变能力强，并能尊重上级安排。

3. 人际沟通素质。客户经理应该具有良好的气质形象，举止稳重大方，具有很好的协调和沟通能力，能够团结同事，善于合作与利用外部资源来完成一些事情。

4. 心理素质。心理素质表现为具有冷静的头脑，不感情用事，善于灵活变通，同时也要具有吃苦耐劳、不服输、勇于进取的精神。客户经理是网点员工的表率，对失败和挫折要有较强的心理承受能力，性格外向、开放，能够包容别人。

三、系统培训和激励

银行网点的系统培训能够让团队的人员对网点的规章制度有所了解和掌握，从而提高员工的素质，这对网点发展具有举足轻重的意义。而网点实施激励政策的目的是正确诱导员工的工作动机，在完成银行网点目标的同时也提升自身的综合能力，增加个人满意度，让积极性和创造性持续保持下去。

银行网点对员工的培训应该从以下几个方面进行。

1. 培训系统化。首先要制订一套完整的银行网点员工培训方案，其次，针对不同层次的人建立起有针对性的培训体系，延长人均受训时间并扩大受训面积。

2. 培训内容丰富化。除必要的知识培训之外，在技能与态度上的培训也很重要，增加培训内容可以提高银行网点员工的综合素质。

3. 培训指标完善化。在培训过程中，只有确定完善的评价指标，才能对培训效果进行准确衡量。这样才会发现培训机制中存在的问题，从而解决问题，增强培训效果。

银行网点对员工的激励应该从以下几个方面进行。

1. 建立科学的绩效考核体系。建立科学的绩效考核体系能够提升银行网点员工的积极性，让员工有紧迫感与竞争意识，这是培养整个团队积极性的途径之一。同时，建立科学的绩效考核体系也是考核员工综合成绩的指标，增强员工竞争性。

2. 弹性的工作制度。有弹性的工作制度，才能满足各个员工的需求，不会对每天单一的工作产生厌烦，可以根据自身的情况来调整工作强度，通过适度的放松来适应不同强度的工作。

3. 制定科学合理的淘汰制度。制定科学合理的淘汰制度能够激发员工无限的潜能，从而创造出更加卓越的业绩。淘汰制度不仅可以增强员工之间的竞争，也可以帮助银行网点选择更加合适的人选，优胜劣汰，不断引进更多优秀的员工。

四、管理和控制

银行网点的营销团队所有组成人员都是银行网点与客户之间重要的桥梁和纽带，肩负着开拓、服务客户的使命，发挥着宣传银行网点的作用。因此，对营销团队进行有效的管理与控制，显得尤为重要。

对营销团队的管理与控制可以从以下几个方面考虑。

1. 控制营销团队的稳定性。控制营销团队的稳定性是对该团队最基本的管理，也是整个团队可持续发展的必要条件。稳定的团队才能发挥出正常的团队水平，也可以让团队成员不断学习新的业务技能，从而提升团队的整体竞争水平。

有效地控制营销团队的稳定性需要团队的领导者自身拥有对银行网点坚定的信念，并且让每个团员坚守该信念。制定共同的团队目标，共同为之努力，培养团队荣誉感，奖惩分明，不徇私舞弊。

2. 提高营销团队的士气与斗志。优秀的团队领导者一定是能够时刻提升队员的士气与斗志的，这样的团队才是真正强大的，才能战胜遇到的所有困难。

提高营销团队的士气和斗志表现为在成员们陷入消极状态时，团队的领导者应该通过演讲来说明以前所取得的成绩，再通过具体实践来向队员们展示自身的、整个团队的以及整个银行网点的广阔发展前景，从而提升队员的士气与斗志。

而当成员们处于骄傲自满状态时，团队的领导者要及时给队员制定更大的目标，防止队员对已取得的成绩自满，不思进取。

3. 培养营销团队挑战更高目标的勇气。一个营销团队最终能够取得多么大的成就，在于这个团队拥有多大的目标。每次制定的目标都比之前的目标难度再高一点，有利于团队朝着更好的方向发展。

任务三　银行网点营销流程

遵循一定的银行网点销售程序，往往可以令业绩更快地增长。一般分为以下七个步骤。

1. 宣传。宣传的目的是为网点找到目标客户群。在宣传过程中营销人员应注意三个方面：一是着装要得体，给客户留下一个良好的印象；二是要有积极的态度，积极的态度不仅展现了营销人员个人的精神面貌，也体现了银行网点的形象；三是要对宣传的产品有彻底的了解，才能更好地为客户进行解答。

2. 探寻需求。营销人员不停地讲述产品，只会让客户产生厌烦。而以询问的方式，不仅能够引导顾客的注意力，也能够从中了解客户的需求。顾客的需求是挖掘出来的。不同的客户有不同的心理，要针对不同客户的心理来挖掘不同的需求。这个过程可以分为两步：一是进行客户识别，主要目的是分析如何有针对性地推荐适合的产品给客户；二是主动引导，引导有不同需求的客户进行体验。

3. 说明好处（FABE 技巧）。了解了客户的需求之后，及时向客户说明该产品的好处，不仅能够满足客户的需求，还有一些额外的附加价值，客户对这样的产品自然是非常喜爱的。销售其实就是变卖好处的过程。客户购买某个产品也就是买了由它所带来的好处。在介绍产品时可以使用 FABE 技巧。

FABE 由“Feature”“Advantages”“Benefits”“Evidence”这四个英文单词组成，分别代表着产品的特质、产品的优点、产品带给客户的好处以及通过品牌效应来验证以上所述是正确的。

FABE 技巧在销售中的应用可以归纳为将产品功能转化为客户利益。这样做的目的是能让客户更加容易接受该产品，从客户利益出发才能抓住客户的兴趣点，促成销售的完成。

运用好 FABE 技巧需要注意以下两个内容。

（1）以顾客的利益为中心。首先以产品优秀的特点或销售人员独特的宣传来吸引住顾客，这样才有机会向顾客解释产品的优点。但是能够让客户心动的永远是能够给顾客带来利益的产品优点，以顾客最熟悉的用语，向顾客重点说明该产品哪些优点是顾客所需要的，并表明购物就是为了满足自己的某种需求，而不是销售员的需求。最后利用那些已经购买过该产品的顾客的成功案例，打消顾客的疑虑，促成销售。

（2）灵活运用观察法与分析法。首先，要观察客户看某些产品时的表情，分析出顾客可能会对哪些产品产生兴趣。其次，依据顾客的兴趣点来推销产品。在向顾客解释产品的时候，也要注意观察顾客的表情，分析顾客对哪些内容较感兴趣。最后，着重说明一下，增加顾客的购买欲望。

延伸阅读：银行常见产品 FABE 营销话术合集

4. 解决反对意见。客户在购买产品之前，会提出一些反对意见，希望通过这些反对意见来压低价格等。出现这样的情况，营销人员不要直接反驳，而是将这些问题转换一下思路，例如，顾客说价格高的时候，营销人员可以说价格高等于品质高。从另一个角度来说明问题，可以让客户比较容易接受。

5. 成交。在经过营销人员循序渐进的促销之后，仔细观察客户有没有出现一些购买的欲望，例如，客户明显感觉愉快的时候、开始计算数字的时候等，一旦发现客户出现这些信息，营销人员可以进一步对该产品做出一些售后承诺或者采用试探法，促成最后的成交。

6. 要求客户转介绍。每个客户的背后都隐藏着很多潜在的客户群，要求客户转介绍可以更快速地找到客户，对销售很有帮助。再有经验的营销人员，认识的人也是有限的。通过不同的客户转介绍可以带来各个领域的客户群体，大大扩展客户的来源。

［案例］

北京海淀某银行网点有一个柜员叫小宋，一次她下班前有位客户进来要办业务。小宋看客户很着急就帮他办了。客户很满意地说："姑娘，我觉得你服务态度挺好，谢谢你！"小宋立刻拿起销售工具说："先生，我们网点最近有这些产品很适合你……"客户看完之后说："来一套吧！"（所谓一套，就是销售工具上列的每一个业务各来一个。）小宋很开心，马上想到"生意成交的时候生意才刚刚开始，要让客户帮忙介绍客户"。所以小宋立刻说："先生您太有品味了！有没有朋友跟您一样，也希望享受生活带来的便利和快捷呢？帮我介绍几位吧！"客户说："今天太晚了，我们单位就在你们楼上，我的很多同事都是你们的客户，明天我帮你介绍吧。"从第二天开始，这个客户陆陆续续帮小宋介绍了30多位客户，都从该网点购买了理财产品。

7. 追求卓越服务。销售就是服务的过程，卓越的服务可以为客户创造更大的价值，也是包装产品最好的方式。因此，一个金融产品销售出去之后，绝不是销售的终结。后期的服务是维系客户与银行网点继续合作的桥梁，是展现该网点与众不同最好的说明。

微课：网点销售流程

任务四 银行网点营销策略

在以网点为核心的空间，如何提升产品的营销业绩呢？接下来主要介绍三类客户的营销策略和方法。

一、增量客户的营销策略

任何营销机构的发展都要时刻注意自己的开源，只有源源不断的客户涌入才能确保营销目标的达成。所以，开拓增量客户是每个网点最重要的工作内容之一。要想拓展更多的增量客户，就要做好客户调研，了解客户的具体需求，并根据客户的基本特征做好营销活动的策划和营销产品的整理。

1. 路演营销。路演营销是通过在人流比较多的场地进行路演，以提升客户参与度，并吸引客户到网点来的营销方式。路演的形式多种多样，比如，我们在商业街经常见到一些企业单位通过邀请知名歌手或演员进行路演活动，吸引大量客户参与活动，并以抽奖、送礼品等形式，提升品牌影响力或者实现产品现场营销和促成。做好路演营销，能够快速提高网点的客户增量，并且对网点的品牌建设有很好的帮助作用。

网点的工作人员走出去路演，会发现我们的营销存在很多问题。

首先，银行工作人员以为客户了解自己的产品，其实不然。对大量的潜在客户而言，银行网点仅仅是一个存取款的业务办理地点，他们对于很多的中间业务服务都不了解。一旦网点的工作人员走出去，为客户讲解服务和产品，客户还是很乐意接受的。

其次，网点工作人员对客户的把控度和产品的综合解读能力还有待提升。通过大量的客户面谈和产品介绍，路演营销成为网点工作人员的一场实战演练，能够帮助网点的客户经理和工作人员快速提升客户服务、产品解读和客户识别能力。

在路演营销的过程中，一定要注意营销环节的设计，最终让客户能够通过路演活动来到网点。

[案例]

有一个银行网点在进行路演营销活动时，就选择了“老客户答谢活动”的营销方案：凡老客户均可出示银行卡，并签字领取一份礼品，没有银行卡的客户当场填写业务办理单据，次日到网点申请卡片的时候，可以同时领取奖品。所有的客户被告知，未来一周网点将举办不定期的抽奖活动，所有持卡客户都可以参与。通过一系列活动，该网点在一周时间里新开银行卡 164 张，吸收存款 500 余万元。

2. 职团营销。职团营销是一种针对某种职业或者团体人群进行批量营销的方式。比如，在教师节，针对各学校教师举办的营销活动，或者通过跟商会合作，实现某个商会团队的批量性营销。职团营销最大的好处是针对性强，营销成功概率高，客户黏性容易建立。

网点负责人首先要考虑网点周边哪类人群的占比较高，再通过对该类人群的深入研究和了解，找到这类人群的共同需求点，以网点为平台组织活动，最终实现客户的销售目标。

很多银行网点管理人员的惯性思维中只关注企业老板是否同意参与该行合作，而忽略了员工的影响力和员工价值，所以往往会出现对公账户和代发工资业务都在该行办理，但员工的个金业务迟迟无法突破的现象。

[案例]

某商业银行网点曾经专门针对多年服务的企事业单位的客户做了综合性调研。他们发现，在他们做多年服务的企事业单位中，存在大量的年轻有潜力的零售客户，这些终端客户大部分是大龄青年，他们的核心诉求是快速找到匹配的另一半。

所以，该网点针对这个问题，专门联系了一家婚姻介绍公司，联合几家企事业单位，共同举办了一场联谊会。通过联谊会的举办，他们同时服务了几十名客户，并且在现场做了产品的营销，不但建立了该银行网点在客户心目中良好的形象，而且网点的工作人员跟客户快速打成一片，客户关系更加紧密。

职团式的客户开拓要注意的是要有效利用团队成员之间的从众心理，以及客户同质化的特点。因为同一个职业或者同一个团队的客户拥有共同的特点和对金融服务的同质性需求。在职团性客户开拓过程中，不能操之过急，要认真地对这类人群进行调研和需求分析，再通过营销活动不断完善，最终实现职团性服务黏性。

3. 事件营销。事件营销是指通过对互联网时代各大事件的精准把控，经过有效的处理形成口碑宣传、提高关注度的形式，进而实现增量客户拓展的目标。事件营销的形式有很多种，可以做事件的经典评述来吸引眼球，也可以以事件为核心开展某项活动来博得客户的参与。

小米公司就曾经做过一次关于“啤酒和炸鸡”的事件营销。电视剧《来自星星的你》在热播的时候，啤酒和炸鸡风靡一时，小米公司的微博马上爆出食堂提供啤酒和炸鸡的告示，瞬间吸引了很多粉丝。这就是依托于某种受众关注度高的事件来进行事件营销的模式。

另外，也有利用网络用语吸引客户的方式，比如，“我们去旅行吧，我带着你，你带着钱，你千万千万别忘了带着钱。”某银行的客户经理就编辑了一段软文发在朋友圈：“我们去××银行××网点办理理财业务吧，我带着你，你带着钱，你千万千万别忘了带着钱。”虽然只是简单的模仿，也吸引了很多转发，并获得了部分客户。

做事件营销要注意的事项是：选择的事件一定是正面的、被广泛关注的；一些负面的事件一定不要参与；事件营销要及时，因为互联网时代的信息传播速度太快，有些事件如昙花一现，如果不能把握事件传播的高峰期，就等于丧失了营销契机。

延伸阅读：商业银行事件营销五策

4. 微营销拓展。事件营销要想做得有效果，就要结合微营销拓展的力量。微信、微博是当今社会最快链接客户的利器，做好微信、微博的营销，对于网点而言非常重要。

比如我们可以通过设置网点专属的微博、微信账号，定期发送网点周边的商铺打折信息，提供网点周边的便民服务信息，让更多周边的人关注网点的微博或者微信。当关注度提高以后，就可以通过定期的 O2O 活动促使客户来到网点，实现客户服务与服务连接。

很多银行网点都有自己的微博账号或者微信公众号，但是没有有效经营，导致账号申请后一直搁置一边，没有起到相应的作用。

微营销拓展的模式是一种快速建立链接的模式。网点的工作人员需要深入分析网点周边核心客户的基本需求，进行相关内容的推送。

做好微营销的拓展是网络平台批量获客的第一步。在互联网时代一切营销都源于大数据的积累，只有我们做好了客户数据的有效积累，才能够在未来的营销决策中做出正确的判断。

延伸阅读：银行人如何微信营销

获得增量客户是一个开源的过程，以上我们所综述的几种增量客户的拓展模式都能够给网点带来一定的客户群。网点管理者要根据自己的网点经营特色进行选择，只有选择了对的模式，才能够实现快速突破。

微课：增量客户销售策略

二、流量客户的营销策略

流量客户走进网点办理业务，这是我们最佳的营销契机，把控营销契机是每位网点工作人员的重要职责。但如果仅仅在网点摆放一些营销资料，或是在 LED 屏幕上循环播放一成不变的产品介绍，对流量客户的识别和开拓并不能起到关键作用。我们要结合网点的营销环境，提升软营销能力，将厅堂营销、等候营销、目标营销、联动营销和微营销有效结合，充分利用客户在厅堂的营销机会，实现客户价值最大化。

延伸阅读：S 网点外拓营销获客方案

1. 厅堂营销。厅堂营销是指在网点的厅堂营造良好的营销氛围，让客户能够对网点经营的产品和服务深入了解，进而促使客户主动参与的营销方式。这种营销模式对于网点的流量客户，尤其是内在价值高的流量客户特别有效。

流量客户到网点办理业务，一般都非常具有目的性，客户对自身要办理的业务具有需求，但是大部分客户对网点的其他服务可能并不了解。通过经常的营销环境布置能够帮助客户更好地了解银行的服务，并激发客户的参与热情。

延伸阅读：老年客户厅堂营销的三个策略

［案例］

某商业银行在存款保险制度开始实施时，就打印了一张关于存款保险制度的海报，内容是两个卡通人物针对存款保险制度的解读漫画，漫画下面还有“扫一扫，答题有惊喜”的字样。很多客户觉得有趣就会认真阅读，并且有客户会用手机扫一扫回答问题，根据所回答问题的准确程度，还可以到大堂经理处换取一个小礼物。

通过这个活动，银行既获得了客户的关注，同时还促进了厅堂客户与大堂经理之间的互动；既有了客户体验，也促成了客户参与。

另外一家商业银行在“三八”节期间推出活动：凡在节日期间，持该行银行卡到指定商家刷卡，都可以领取一份洗衣液。他们不仅在网点摆放了节日活动宣传展架，还把洗衣液在地上摆出“38”的字样。

这种厅堂营销的摆放形式吸引了客户的眼球，客户纷纷到周边商铺进行消费，还介绍身边的朋友来网点参加活动。很快，网点就吸引了很多女性客户，同时，网点和周边商户的联盟关系也建立起来了。

厅堂营销是锁定流量客户最有效的营销模式，要做好厅堂营销，关键在于我们是否充分利用了厅堂的每个营销环境。厅堂营销重在提供具有视觉冲击力的营销内容，要站在客户的角度来思考什么样的内容更吸引人，要做到让客户看得到、摸得着、玩得上。

2. 联动营销。联动营销是指通过网点工作人员之间默契的配合，针对某一客户实现的联动式产品营销或者服务推荐。联动营销是网点工作人员之间配合度的效能体现，也是网点全员营销的基础。通过联动营销，网点最多可被网点工作人员进行四次有效识别，只有这样的识别能力和沟通深度，才能够确保客户的高度留存率。

延伸阅读：银行如何做好厅堂营销

从客户进入网点取号开始，网点的大堂经理叫号对客户进行有效识别和一句话营销，某银行网点在取号机旁边放了一个宣传栏，重点推荐当期的理财产品，大堂经理就会在客户取号的时候询问客户，是否有兴趣了解理财产品，针对有兴趣的客户，大堂经理就会直接引领客户到理财经理室进行咨询。

如果客户当时并没有表现出很大的兴趣，大堂经理应递送一张相关的产品介绍，并引导客户坐下等候。客户在柜台办理业务的过程中，柜员还会进行二次营销。同一款产品，此时对客户来说已经是第三次接触，有些客户可能会表现出兴趣，那么柜员就请大堂经理将客户带到理财经理室咨询；如果客户仅仅表现出有点小兴趣，但是今天不能办理，柜员也会记录下客户的信息，并告知如果有产品的相关信息会短信告知客户。

在整个过程中，客户经历了四次营销和有效识别，分别是进入网点的客户识别与分流、等候识别、柜面识别和理财经理的识别。同时，大堂经理、柜员和客户经理在产品的介绍和解读上保持一致，这样全员营销氛围的营造会大大提高客户的购买可能性。

3. 目标营销。目标营销是指在网点的流量客户中，有目的性地针对某类客户进行客户识别和客户营销。这种营销模式由于目标性较强，能够快速获得客户的关注，所以成功概率较高。进行目标营销的首要前提是，网点的工作人员要对产品有深入的了解，并能够进行详细解读。比如，当月重点营销产品如果是手机银行，网点工作人员识别客户的最基本特征首先是正在使用智能手机的客户；其次最好这类客户较为年轻，容易接受新鲜事物。如果识别到这类客户，大堂经理就要主动进行目标营销。

［案例］

在某银行网点进行女性专属保险营销的过程中，他们很清晰地描绘出目标客户的特征：25～45 岁的女性客户，卡内余额 5 万元以上。大堂经理在厅堂服务的过程中，会很关注年龄区间符合要求的女性客户，并主动向客户介绍产品，发送产品宣传单，通过这种目标性较强的营销方式，能够快速锁定目标，并且更加具有针对性地服务客户。

4. 等候营销。网点办理业务的客户一旦多起来，等候时间越长，客户的心情就越焦躁，仅仅靠厅堂摆放几张营销彩页，或者放些宣传广告是无法真正起到营销作用的。把握客户等候的这一点点时间，做好营销，会给网点带来不错的业绩。一般而言，客户等候时长为15～30分钟，这么长的时间，足够我们利用好，在厅堂举办一场小型的沙龙了。

［案例］

建行的某个网点就曾经在开门红期间，给网点的大堂经理配上一个胸麦，在客户等候时，进行贵金属制品的营销和解读，并现场给各位客户展示刻有当年度生肖的贵金属制品。很多客户对产品产生了极大的兴趣。最后，这个网点当月贵金属的营销绩效是其他网点的3倍。这种等候营销的模式不需要太过花哨，大堂经理只需要按既定的产品解读话术背下来，做好等候营销的客户识别即可。

在网点我们有很多可用资源，这种资源不仅是指网点的物理资源，还有客户进入网点后的时间资源。把握客户等候的重要时刻，有效利用每个可利用的客户时间价值，让等候营销变得丰富多彩。

5. 微营销链接。微营销链接在厅堂营销的应用重点在于，能够链接到更多的客户。网点的流量用户都是二维空间中的优质客户，通过网点的服务和引导，能够让客户加入到微信平台中来，对于未来的产品营销和价值营销具有决定性意义。

如何用最简便的方式让客户扫码关注是每个网点负责人要思考的问题，比如，很多饭店会有扫码的服务，这种服务能够让客户顺理成章地关注饭店的二维码，而且还让客户觉得非常有趣。

［案例］

杭州有家餐厅在顾客排队的时候，在饭店门口，有一个服务员引导所有等候就餐的客户进行微信扫码。当时我们排队排到第6号，微信界面上会显示大概还要等待58分钟，于是服务员就建议去附近逛逛。在逛街的过程中，饭店每叫一个号码，手机就会响一次，提示有一个客户进去用餐了。

这种方式让我觉得等待不再是煎熬，而且觉得特别开心。在结账的时候，服务员还给我们打了9折，并且解释说餐厅是根据客户扫码排队的等候时间给客户打折的，等候时间越久，打折就越多。

这是我第一次通过微信排队的经历，这种经历让我舍不得删掉这个餐厅的公众号。后来这个公众号里会经常出一些美食信息，不仅介绍自己餐厅的新品，还会介绍全国各大菜系的特征。

这家餐厅的微信链接方式就非常容易获得客户的青睐，不仅提高了客户的体验感，更增强了客户的参与感。

微营销链接可以以各种有趣的活动形式进行，而不仅仅死板地在网点贴出一张微信二维码的图片。我们要给客户一个关注的理由，无论是一个小礼物或者一个游戏都是不错的选择。比如，现在有些机场和商场会有免费冲洗相片的服务，只要客户扫描二维码关注就可以了。

[案例]

有一家商业银行的网点就曾经专门搞过一次厅堂的微营销活动，他们在厅堂专门找了一块白板，上面粘贴出网点的二维码和活动海报，在厅堂举办“扫一扫，答一答，领奖品”的活动。客户通过扫描二维码回复“答题”，就能够弹出金融知识竞答的题目，有关于假币识别的，有关于银行卡的使用的，还有关于金融防诈骗知识的，等等。客户通过回答问题的准确率可以获得价值不等的礼品。很多客户在等候时就会被大堂经理引领去参加活动，客户也表示这种活动很有趣，而且还能学到很多金融知识。

综上所述，流量客户营销模式的核心就是挖掘客户在网点每一分钟的价值，充分利用网点的营销空间，提升网点工作人员之间的配合度，进而实现流量客户的有效识别和产品营销，最后通过微链接的营销模式创造更好地与客户进行联系的渠道。

微课：流量客户销售策略

三、存量客户的营销策略

存量客户是需要每个银行网点进行深耕的一块自留地，银行网点通过多年的经营和品牌建设，留下了一批对银行的产品和服务具有一定黏性和习惯的客户，是非常不容易的。

如何才能留住客户呢？让客户满意很重要。银行网点是提供金融服务的重要场所，金融产品在趋于同质化，从某种意义上来讲，区别每家银行的就是服务的差异。打造银行网点的软实力，让服务更贴近客户需求，是每个网点在经营存量客户的过程中最重要的工作。

1. 沙龙营销。沙龙营销是根据目标客户群体的具体要求而开展的具有一定主题的小型聚会。沙龙营销的主要目标是培养客户黏性，营销新产品。常见模式有：理财客户转介绍沙龙、高端客户私享沙龙、新产品推荐沙龙、老客户服务沙龙、流量客户开拓沙龙。

不同沙龙形式针对的客户群体不同，推荐的产品不同，组织的形式不同。一场优质的沙龙能够给网点带来的不仅仅是当下产生的绩效，更重要的是团队的凝聚力和客户的认可度。

要组织以上别开生面的沙龙，首先，主办方要确定参加活动的人群，并根据参与的人群明确沙龙的主题和活动形式。比如，某银行网点专门针对资产在千万元左右的私营企业老板展开了一场沙龙，活动的主题就是围绕企业的发展和这类企业主关心的话题展开的。于是网点负责人专门请了省行的老师，组织了一场名为“新常态下的企业财富管理”的主题沙龙。这个沙龙的主题契合时事，是该类客户的关注点，所以邀请客户也变得容易一些。

其次，在沙龙举办的过程中，形式非常重要，一定要让客户参与进来，没有参与感的沙龙就是失败的沙龙。比如，有一个商业银行的网点举办沙龙，在网点门口摆放了一棵许愿树，所有来参加活动的客户都可以写一张许愿纸条，放进许愿瓶。在活动的过程中，主持人随机抽取客户的许愿纸条，并现场帮客户达成愿望。有一位客户的愿望是中500万元，于是网点的工作人员就买了一张彩票，活动结束后将其装在一个写着“中500万元”的信封里送给客户。虽然不一定中奖，但客户的感觉很好。

最后，沙龙的成功举办离不开网点所有人员的配合，一场沙龙的成功源于很多场沙龙经验的积累，更是每个网点工作人员之间默契配合的结果。网点负责人在沙龙的举办过程中，要不断培养新员工参与到活动中来，从小事做起，学习如何服务客户，营销产品。

2. 兴趣营销。兴趣营销是利用客户的共同兴趣，通过网点的平台搭建兴趣联盟，并持续提升客户黏性的一种营销模式。这种营销模式重在持续，兴趣平台能够促使客户长期、可持续地与网点发生联系，这是建立客户黏性最有效的办法。

[案例]

某家银行网点组织的羽毛球俱乐部，最初只是一个10人的小型俱乐部，是银行内部的网点职员与几个核心客户的小组织，但后来组成了20个由客户经理和客户组成的小分队，最后变成了200人的大型羽毛球运动组织。这个俱乐部由行内提供部分经费，再自行筹集会费来购买装备、租用场地，定期举办活动。总行只在每年年中和年底分别组织一次大规模的比赛，其他时间都是小分队自由活动。

这种兴趣营销的好处就是可以跟客户在业务之外的某些特定环境发生链接，这种情感基础的培养要比单纯的买卖关系好很多倍。更重要的是，基于共同的兴趣爱好，老客户不仅能与我们保持更好的关系，还能为我们带来更多拥有相同爱好的朋友。

兴趣营销是当今比较流行正逐渐走向常态的营销模式，这种营销模式是在以促成为导向的营销模式之外，开辟了一条以价值为导向的营销途径。客户与我们之间的链接不仅仅是买卖双方的关系，更重要的是集聚了一群拥有共同爱好、共同价值观的人。

但是要做好兴趣营销，要花很多的心思。首先，选择的兴趣点一定要积极、阳光、正能量。可以以当下客户都关心的健康和运动等为切入点，选择相关的兴趣种类。其次，兴趣团队建立之初，建立兴趣群的人要能克服困难，坚持做好本职工作。要做到定时、定点、定量地组织和举办活动。时间久了，兴趣团队就能够建立起来了。

微信创始人张小龙推崇的工匠精神在兴趣社团的建立过程中体现得淋漓尽致，最初的10个、20个核心用户都是死磕出来的。作为兴趣社群的组建人，是否定时发送信息，定点组织活动，定量完成活动目标，都将决定这个兴趣团队能否组建起来。当然，兴趣团队的组建，当达到一定人数（一般100人）以后，就会持续带来意想不到的效应。

3. 节日营销。节日营销是在各种传统节日进行客户关系维护和营销的方法。由于各行各业节日营销比较多，要想脱颖而出，银行网点应认真思考，推陈出新。

[案例]

荷兰的一家航空公司在节日营销方面可谓专家。在圣诞节的班机上，航班上的工作人员首先对即将起航的客户进行采访，分别了解每位客户期望得到的圣诞礼物。有人说要袜子，有人说要鞋，有人说要项链，所有客户都觉得这是航空公司的游戏，没有放在心上。而当飞机缓缓落地，每个人走出机舱的时候，居然看到一个大大的礼品墙，礼品墙上是每个人在起飞前希望得到的礼物。

原来航班上的工作人员采访过客户后，就传输信息给目的地的工作人员，目的地的工作人员则进行礼品采购，布置场地，让客户在圣诞夜都收获了一份生命中最难忘的惊喜。这种超出客户期望值的节日营销能让客户记住，带给客户值得回忆的消费过程。

节日营销是每个以销售为目标的组织体都要把控的重要营销契机，一方面，不能放弃特定节日的营销，因为这种营销模式已经深入人心；另一方面，要考虑好如何做好节日营销方案，给客户留下值得回忆的瞬间。一般来讲，参与性的活动方案是最适合节日营销的方案。

4. 事件营销。事件营销是通过把控当下关注度较高的事件，通过巧妙的语言组织或者活动形式，提升客户的关注度或引导客户参与到活动中来。

［案例］

在2021年日本东京奥运会100米半决赛中，我国短跑运动员苏炳添以9秒83的成绩跑出“亚洲最快”，赢得了几十亿人的欢呼声。某银行网点的客户经理抓住时机，推出“奥运会苏炳添靠什么跑出9秒83，理财账户想跑出好成绩怎么做？××经理来帮你！”的产品营销文档，短时间内获得了极高的客户关注度。

这些紧紧把握时下最火爆网络事件进行营销的方法特别有助于提升关注度和点击率。只要我们对时事多加用心关注，并且巧妙地编辑文字，即可吸引客户的眼球，获得客户的关注或者传播。

5. 微营销渗透。在互联网时代，营销不能仅仅停留在产品的销售上，更重要的是要向客户营销个人价值、银行价值和产品价值，对此通过微营销的渗透是非常有效的方法。微营销渗透能够通过弱链接让客户随时随地掌握银行资讯，既不会给客户带来很大的推销压力，还能够让客户及时、准确地掌握他们希望掌握的信息。

［案例］

某银行网点的一位高端客户曾经分享过这样一个案例：他的客户经理会定期在微信中发一些他会关注的信息，不仅有该网点的一些金融产品信息，还有一些关于企业管理和营销的相关信息。慢慢地，他感觉这位客户经理不仅是银行的客户经理那么简单，这位客户经理还懂得很多关于企业管理和营销方面的知识，对经济形势和资本运作也能够侃侃而谈，最重要的是，这位客户经理在国家一些经济政策、货币政策，以及股市发生变化时，都能够在朋友圈发出一些相关资讯和个人观点。

这些行为都让客户感觉到客户经理的与众不同。所以，当他有一些经营、资金方面的困惑时，第一时间能够想起这位客户经理。这就是以微渗透的方式给我们带来的价值体现。

做好微营销的渗透，首先就要明确建立自己的二维空间形象，微信的头像、名字、朋友圈的内容等都要符合你要打造的二维空间形象的特征。另外，发送的相关资讯，一定要定时，比如，每天早上八点半或者下午五点半。这种信息的发送要根据你朋友圈的存量客户的工作特征或者客户的生活习惯来决定，选择在客户关注度较高的时间段发送信息，并且坚持每天在同样的时间发送信息。

除了发送银行网点的相关产品广告，还要根据客户的具体爱好和习惯推送一些客户希望了解的信息。比如，针对企业管理者，可以定时发送一些“CEO 观察”等资讯，如果女性客户多，可以发送一些美容、时装等信息。这些信息的采集不需要我们自己去整理，只需要关注相关的微信公众号转发即可。

针对存量客户，银行网点的营销不能仅仅定位在产品营销上，更重要的是营销价值理念。有效利用一切可以与客户发生关系的渠道，通过三维空间实现与客户面对面地沟通，获取信息并促成合作。利用二维空间的持续渗透强化客户的价值认知，培养客户的理财习惯。借助三维空间的沙龙营销、兴趣营销、节日营销、事件营销等各类营销形式，提升客户的参与度，培养客户的价值观和客户黏性，打造存量客户的忠诚度，这就是后工业时代的 O2O 营销。

微课：存量客户销售策略　　微课：提升网点绩效的策略　　测验 11：银行网点营销管理

实践·思考·讨论

实践题

1. 选择一家商业银行的网点，画出它的动线布局图。
2. 体验银行网点的服务，看一看有没有需要改进的地方。
3. 考察银行网点，体验其销售流程。

思考题

1. 各种类型的网点在感知环境设计方面应该有何不同？
2. “互联网 +”时代，银行网点的服务和营销呈现哪些变化？

讨论题

1. 讨论所考察网点的动线设计是否合理；如果不合理，应该如何改进。
2. 未来，银行网点的服务和营销的创新策略。

专题　银行网点沙盘实训

一、背景资料

沙盘模拟培训源自西方军事上的战争沙盘模拟推演。战争沙盘模拟推演通过红、蓝两军在战场上的对抗与较量，发现双方战略战术上存在的问题，提高指挥员的作战能力。

模拟培训已成为大多数世界500强企业中高层管理人员运营管理培训的主选课程。接受过沙盘训练的优秀中国企业已超过6000家。沙盘教学模式引入中国后，被北大、清华、人大、浙大等高等院校纳入MBA、EMBA及中高层在职培训的教学之中。

在本次培训中，学员将分组运营数家商业银行网点。银行网点的整体运营全面展示于沙盘之上：个人及小组金融业务规划、客户特征识别、客户关系维护、团队士气提升、能力素质提升、绩效管理等。各项运营用移动的“筹码”和特殊道具来表现。由此，你每一步决策对银行网点运营的影响将在沙盘上一一展现……

模拟运营分为若干运营周期，每个周期要经历三个阶段：

1. 制订和实施运营计划（包括研究客户特征、分析客户需求、客户关系维护等）。

2. 岗位与人员调配、团队建设提升士气、业务运作积累能力，编制该周期网点绩效报表。

3. 总结网点运营结果，总结经验教训，讲师适时点评，解读商业银行网点管理决策要点。

竞争到最后，有的网点无力回天，破产清算；有的网点苦苦支撑，平庸依旧；有的网点则力挽狂澜，起死回生。起点是一样的，不同的结果，带来不同的反思……

二、初始状态

1. 所有参与学员作为8家商业银行网点管理团队，通过聘请人员，运营业务，参与竞争。每个小组现有1名网点主任，共有4名柜面人员和1名客户经理，人员总数为6名。现金23万元，租有1个三类网点（已发生装修费5万元）。初始团队士气为10。

2. 如全班分为8个组，整个市场上总计有柜面人员64名、客户经理64名，会计（即综合柜员）24名、主任16名待聘用（分组数增加或减少，外围人员数量相应变化）。以上人员数量包含初始状态中各人员数量。

3. 所有小组主要依靠网点管理水平取得竞争优势，包括个人及小组金融业务规划、客户特征识别、客户关系维护、团队士气提升、能力素质提升、绩效管理等方面。上级对各网点考核内容包括各类新增存款、新增对公和个人贷款、新增理财业务、新增中间业务、网点收益。除了以上考核指标外，各小组得分还取决于本组成员自有资金平均收益率、实验报告、分享得分。

4. 存贷款基准利差是3%，网点对中间业务费的定价范围是0～3%。

5. 网点贷款如出现期限错配，可以同业拆借，期限一个季度，利率自定。注意，只能用吸收到的存款和理财资金借给其他组，贷入资金的小组仅能用此款偿还到期存款或理财，不能用于网点经营。上级分行按高于同业拆出与拆入的利差20%计入各网点当期收益。如果出现兑付危机，且无法同业借入资金，也可由上级支行代为偿付，针对此部分贷款，网点无存贷利差收益。

6. 网点经营业务中的现金流断裂可以向上级分行申请紧急补贴，下季度归还，并按补贴金额×5%收取费用。

7. 各组如出现违规操作须退回，每次罚5万元。

8. 所有费用支付不到1万元按1万元向上取整。

微课：沙盘实训1

三、人员规则

1. 每季度工资：主任4万元，其他人员均为2万元。所有人员定岗定职，凭各自权限操作，不能替岗。

2. 网点主任、客户经理、柜面人员均可内部辞退，当士气值过低时，他们也会主动要求调离。人员流失时，需按人均能力值取走团队能力筹码（四舍五入）。内部辞退或申请调离的员工将进入上级分行人事部等待其他网点聘用，其他小组聘用有经验人员时，会把该人员当时的能力值带入团队。

3. 人员聘用规则：上期人均奖金高者可以优先选择，人均奖金相等时先提交竞标单者优先选择。为保障实训顺利进行，每个小组招聘时间均为1分钟。小组之间不互相挖人。

4. 招聘与辞退只在每期人力资源规划之后进行一次，不可以每月进行。

微课：沙盘实训2

四、业务规则

1. 网点业务包括存款、贷款、中间业务、理财业务，所有客户分为风险偏好与风险厌恶型、专业型与非专业型、品牌型与非品牌型客户，不同客户行为特征不同。第一期各组只竞争存款和理财业务/贷款业务。其他业务分别将在第三季度出现。所有业务均应在当期完成。

2. 至少一位网点主任完成相关业务培训才能开展贷款、理财业务和其他业务，网点主任在培训期间可以参与项目。培训可以随时中断再继续。

3. 理财客户：每位学员模拟个人客户，每人第一期有个人资金210万元，第二期有个人资金200万元。每期可以购买理财产品，但不可以在自己小组购买理财产品，只能选择其他小组购买。前几期各小组可以选择市面上银行网点正在销售的1个常见理财产品，可以是固定收益型也可以是非保本浮动收益型（要求必须能够统计最近至少30天净值，系统自动统计每日收益率均值与方差。如果是固定收益型，可直接填写收益率均值与方差），销售给其他组的每位学员。单项理财产品投资门槛为100万元倍数（当投资门槛不够时，可以多人联合理财），持有期限为2个季度（即第一季度购买，第三季度结算；每个季度按60个交易日计算收益）。申购费和赎回费按各理财产品现实中公布的标准支付，赎回或到期后需重新选择新理财产品。实验结束后，请学员自己先总结是属于风险厌恶型还是风险偏好型，然后完成一份风险态度调查问卷（可以由各小组参照网上风险态度调查问卷自行设计），对比调查问卷结果与理财投资实际风险偏好，两者一致的比例越高，说明调查问卷得分越高。同时请学员总结如何识别风险厌恶型客户与风险偏好型客户，针对不同类型客户的营销方法有何不同。每个小组可以从当期新增理财金额中获得0.4%的代理销售收益。

4. 存款客户：品牌型和非品牌型客户对银行网点大小与客户维护费的敏感度不同。一类、二类、三类网点折算系数为2∶1.5∶1。上级分行以当期新增存款的0.15%计入网点当期收益。

5. 对公贷款客户：比较理性，但仍可区分为专业型和非专业型客户，专业型客户对团队能力值、中间业务费率敏感度更高，同时贷款金额也更高。办理专业型客户贷款项目需要更多团队成员参与，但获得能力积累值也更高。各组填报团队能力值和中间业务费率（最高3%），系统自动分配对公贷款业务。对公贷款业务可以拒绝，其他所有业务不可拒绝。上级分行将中间业务收入的16%计入各网点当期收益，如果产生高于基准利率的存贷利差，上级分行按高于基准利率的存贷利差的20%计入各网点当期收益。没有二类网点也可以竞标贷款与其他业务，但要完成该业务须有二类或以上网点。

6. 其他业务：包括个人消费贷款业务和网上银行业务、企业代理类与结算类业务，这些业务是现有客户的衍生业务，上期公司业务较多，会带来更多此类业务。（1）如果公司客户和个人客户满意度较高，会带来更多个人消费贷款业务（例如前期房地产公司业务与4S店客户较多，会带来更多个人消费贷款业务），个人消费贷款期限均为5期，利率为基准+1.5%。（2）团队士气较高，现场服务气氛越好，现有企业客户代理类与结算类业务会增多。（3）多与客户联系，帮助客户使用网上银行，同时也提高客户满意度，因此，网银业务量与客户满意有一定相关性。网银业务还可以减轻柜面人员和客户经理工作压力（即本期需要办理的存款业务应减去本期网上银行业务金额）。上级分行以企业代理类与结算类业务收入的50%和个贷金额的1.4%计入网点当期收益。

7. 以上各类业务所需人员、时间与累积能力如专表1所示。

专表1　　业务所需人员、实践与积累能力表

业务类型	金额（万元）	人员配比	团队积累能力	消耗时间
大额存款业务	2000	1名客户经理+1名柜面人员	1	1个月
理财业务	500	1名客户经理+1名柜面人员	2	1个月
专业型公司贷款业务	2000	1名网点主任+2名客户经理+1名会计	4	1个月
非专业型公司贷款业务	2000	1名网点主任+1名客户经理+1名会计	2	1个月
网上银行业务	2000	1名柜面人员	—	1个月
个人消费贷款业务	200	1名客户经理	1	1个月
代理类与结算类业务收入	6	1名柜面人员	1	1个月

注：消耗时间如为负值，表示节约时间。理财业务不到500万元请按500万元安排人员办理。

8. 专表 2 中事件有助于提高客户满意度。

专表 2　　增加客户满意度的事件

事件类型	人员	客户满意度得分	单季度最高值
客户走访，深入了解客户信息	客户经理	1 个月得 2 分	10 分
建立客户档案	柜面人员	1 个月得 1 分	5 分
熟悉同业金融信息，挖掘同业金融资源	客户经理	1 个月得 2 分	5 分
分析客户资料，帮助客户进行风险提示与网上操作	会计	1 个月得 2 分	10 分
针对客户情况挑选并推荐投融资产品	客户经理	1 个月得 2 分	10 分

五、团队士气

1. 团队士气低于全班平均值 50% 的小组，每期会有 10%（按员工总人数 10% 向上取整）员工申请主动调离［按以下顺序离职：客户经理、柜员、会计、网点主任，同时需按人均能力值取走团队能力筹码（四舍五入）］。人员离职将进一步降低团队士气。

2. 士气点可以通过团队事件、团队性格匹配程度激发，如专表 3 所示。

专表 3　　团队士气规则

事件类型	获得士气点
分行拨付给网点的收益增长率	每增长 20%，+1 个士气点；每降低 20%，−1 个士气点
员工被挖走或内部辞退或申请调离	−1 个士气点/人
业务延期	每个业务每延期一个月，团队士气下降 1 个士气点
网点季度奖金	针对团队发放，如果小组本期人员平均奖金比所有组的平均资金高，则士气提升，反之下降。最大提升或下降不超过 3 个士气点。 网点季度资金以万元为最小单位

六、员工能力

1. 团队能力指数会影响公司贷款业务。

2. 网点主任在同一个网点可同时参与多个项目，其能力值可以计入所有参与的业务包，也可以从所有参与的业务包中获得能力值。

3. 同一个网点可以有多名网点主任（含副职），但网点主任不能同时在 2 个或 2 个以上网点工作。

微课：沙盘实训 3

七、绩效考核

1. 团队得分

- 团队士气指数（含团队士气值和团队抢答）　　（20%）

- 能力指数（含团队能力值和能力素质模型评价得分）　　(20%)
- 运营绩效　　(30%)
- 商业银行网点经营管理实训报告　　(30%)

2. 学生个人成绩

- 学生个人业绩评分 = 团队得分 + 团队意识内部评价 + 出勤率
- 病事假/迟到/早退扣 2 分/次，缺席扣 5 分/次

微课：沙盘实训 4

商业银行网点经营管理实训手册

参考文献

[1] 吴建杭．商业银行营业网点经营管理［M］．北京：中国金融出版社，2007.

[2] 赵振华．商业银行基层网点经营管理［M］．北京：中国金融出版社，2008.

[3] 孙正军，冯民科．做最好的行长［M］．北京：新世界出版社，2015.

[4] 陈玉庭．打造高绩效营业网点［M］．北京：北京大学出版社，2013.

[5] 刘星．金牌行长［M］．北京：中国财政经济出版社，2015.

[6] 陈楠，杜晶晶．银行网点转型之道［M］．北京：北京联合出版社，2016.

[7] 理清．赢在大堂［M］．北京：中国财富出版社，2014.

高职高专金融类系列教材

一、高职高专金融类系列教材

货币金融学概论	周建松	主编	25.00 元	2006.12 出版
货币金融学概论习题与案例集	周建松　郭福春等	编著	25.00 元	2008.05 出版
金融法概论（第二版）	朱　明	主编	25.00 元	2012.04 出版
（普通高等教育“十一五”国家级规划教材）				
商业银行客户经理	伏琳娜　满玉华	主编	36.00 元	2010.08 出版
商业银行客户经理	刘旭东	主编	21.50 元	2006.08 出版
商业银行综合柜台业务(第四版)	董瑞丽	主编	47.00 元	2021.07 出版
（国家精品课程教材·2006）				
商业银行综合业务技能	董瑞丽	主编	30.50 元	2008.01 出版
商业银行中间业务	张传良　倪信琦	主编	22.00 元	2006.08 出版
商业银行授信业务	王艳君　郭瑞云　于千程	编著	45.00 元	2012.10 出版
商业银行授信业务（第三版）	邱俊如　金广荣	主编	40.00 元	2020.09 出版
商业银行业务与经营	王红梅　吴军梅	主编	34.00 元	2007.05 出版
金融服务营销	徐海洁	编著	34.00 元	2013.06 出版
商业银行基层网点经营管理	赵振华	主编	32.00 元	2009.08 出版
银行柜台实用英语（第二版）	汪卫芳	主编	29.00 元	2017.08 出版
银行卡业务	孙　颖　郭福春	编著	36.50 元	2008.08 出版
银行产品	彭陆军	主编	25.00 元	2010.01 出版
银行产品	杨荣华　李晓红	主编	29.00 元	2012.12 出版
反假货币技术	方秀丽　陈光荣　包可栋	主编	58.00 元	2008.12 出版
小额信贷实务（第二版）	凌海波　邱俊如	主编	39.00 元	2020.11 出版
商业银行审计	刘　琳　张金城	主编	31.50 元	2007.03 出版
金融企业会计	唐宴春	主编	25.50 元	2006.08 出版
（普通高等教育“十一五”国家级规划教材）				
金融企业会计实训与实验	唐宴春	主编	24.00 元	2006.08 出版
（普通高等教育“十一五”国家级规划教材辅助教材）				
新编国际金融	徐杰芳	主编	39.00 元	2011.08 出版
国际金融概论	方　洁　刘　燕	主编	21.50 元	2006.08 出版
（普通高等教育“十一五”国家级规划教材）				
国际金融实务	赵海荣　梁　涛	主编	30.00 元	2012.07 出版
国际金融实务（第三版）	李　敏	主编	39.80 元	2019.09 出版
风险管理	刘金波	主编	30.00 元	2010.08 出版
外汇交易实务	郭也群	主编	25.00 元	2008.07 出版
外汇交易实务	樊祎斌	主编	23.00 元	2009.01 出版
证券投资实务	徐　辉	主编	29.50 元	2012.08 出版

国际融资实务	崔　荫	主编	28.00 元	2006.08 出版
理财学（第三版）	徐慧玲　边智群	主编	56.00 元	2022.01 出版
（“十二五”职业教育国家规划教材/普通高等教育“十一五”国家级规划教材）				
投资银行概论	董雪梅	主编	34.00 元	2010.06 出版
金融信托与租赁（第二版）	蔡鸣龙	主编	35.00 元	2013.03 出版
公司理财实务	钭志斌	主编	34.00 元	2012.01 出版
个人理财规划（第二版）	胡君晖	主编	33.00 元	2017.05 出版
证券投资实务	王　静	主编	45.00 元	2014.08 出版
（“十二五”职业教育国家规划教材/国家精品课程教材·2007）				
金融应用文写作	李先智　贾晋文	主编	32.00 元	2007.02 出版
金融职业道德概论	王　琦	主编	25.00 元	2008.09 出版
金融职业礼仪	王　华	主编	21.50 元	2006.12 出版
金融职业服务礼仪	王　华	主编	24.00 元	2009.03 出版
金融职业形体礼仪	钱利安　王　华	主编	22.00 元	2009.03 出版
金融服务礼仪	伏琳娜　孙迎春	主编	33.00 元	2012.04 出版
合作金融概论	曾赛红　郭福春	主编	24.00 元	2007.05 出版
网络金融	杨国明　蔡　军	主编	26.00 元	2006.08 出版
（普通高等教育“十一五”国家级规划教材）				
现代农村金融	郭延安　陶永诚	主编	23.00 元	2009.03 出版
农村金融基础	郑晓燕	主编	30.00 元	2021.09 出版
“三农”经济概论（第二版）	凌海波	编著	35.00 元	2018.09 出版
商业银行网点经营管理(第二版)	王德英	主编	39.00 元	2022.09 出版

二、高职高专会计类系列教材

管理会计	黄庆平	主编	28.00 元	2012.04 出版
商业银行会计实务	赵丽梅	编著	43.00 元	2012.02 出版
基础会计	田玉兰　郭晓红	主编	26.50 元	2007.04 出版
基础会计实训与练习	田玉兰　郭晓红	主编	17.50 元	2007.04 出版
新编基础会计及实训	周　峰　尹　莉	主编	33.00 元	2009.01 出版
财务会计（第二版）	尹　莉	主编	40.00 元	2009.09 出版
财务会计学习指导与实训	尹　莉	主编	24.00 元	2007.09 出版
高级财务会计	何海东	主编	30.00 元	2012.04 出版
成本会计	孔德兰	主编	25.00 元	2007.03 出版
（普通高等教育“十一五”国家级规划教材）				
成本会计实训与练习	孔德兰	主编	19.50 元	2007.03 出版
（普通高等教育“十一五”国家级规划教材辅助教材）				
管理会计	周　峰	主编	25.50 元	2007.03 出版
管理会计学习指导与训练	周　峰	主编	16.00 元	2007.03 出版
会计电算化	潘上永	主编	40.00 元	2007.09 出版
（普通高等教育“十一五”国家级规划教材）				
会计电算化实训与实验	潘上永	主编	10.00 元	2007.09 出版
（普通高等教育“十一五”国家级规划教材辅助教材）				
财政与税收（第三版）	单惟婷	主编	35.00 元	2009.11 出版

税收与纳税筹划	段迎春　于　洋	主编	36.00 元	2013.01 出版
金融企业会计	唐宴春	主编	25.50 元	2006.08 出版
（普通高等教育“十一五”国家级规划教材）				
金融企业会计实训与实验	唐宴春	主编	24.00 元	2006.08 出版
（普通高等教育“十一五”国家级规划教材辅助教材）				
会计综合模拟实训	施海丽	主编	46.00 元	2012.07 出版
会计分岗位实训	舒　岳	主编	40.00 元	2012.07 出版

三、高职高专经济管理类系列教材

经济学基础（第四版）	高同彪	主编	40.00 元	2020.08 出版
管理学基础	曹秀娟	主编	39.00 元	2012.07 出版
大学生就业能力实训教程	张国威　褚义兵等	编著	25.00 元	2012.08 出版

四、高职高专保险类系列教材

保险实务	梁　涛　南沈卫	主编	35.00 元	2012.07 出版
保险营销实务	章金萍　李　兵	主编	21.00 元	2012.02 出版
新编保险医学基础	任森林	主编	30.00 元	2012.02 出版
人身保险实务（第二版）	黄　素	主编	45.00 元	2019.01 出版
国际货物运输保险实务	王锦霞	主编	29.00 元	2012.11 出版
保险学基础	何惠珍	主编	23.00 元	2006.12 出版
财产保险	曹晓兰	主编	33.50 元	2007.03 出版
（普通高等教育“十一五”国家级规划教材）				
人身保险	池小萍　郑祎华	主编	31.50 元	2006.12 出版
人身保险实务	朱　佳	主编	22.00 元	2008.11 出版
保险营销	章金萍	主编	25.50 元	2006.12 出版
保险营销	李　兵	主编	31.00 元	2010.01 出版
保险医学基础	吴艾竞	主编	28.00 元	2009.08 出版
保险中介	何惠珍	主编	40.00 元	2009.10 出版
非水险实务	沈洁颖	主编	43.00 元	2008.12 出版
海上保险实务	冯芳怡	主编	22.00 元	2009.04 出版
汽车保险	费　洁	主编	32.00 元	2009.04 出版
保险法案例教程	冯芳怡	主编	31.00 元	2009.09 出版
保险客户服务与管理	韩　雪	主编	29.00 元	2009.08 出版
风险管理	毛　通	主编	31.00 元	2010.07 出版
保险职业道德修养	邢运凯	主编	21.00 元	2008.12 出版
医疗保险理论与实务	曹晓兰	主编	43.00 元	2009.01 出版

五、高职高专国际商务类系列教材

国际贸易概论	易海峰	主编	36.00 元	2012.04 出版
国际商务文化与礼仪	蒋景东　刘晓枫	主编	23.00 元	2012.01 出版
国际结算	靳　生	主编	31.00 元	2007.09 出版
国际结算实验教程	靳　生	主编	23.50 元	2007.09 出版
国际结算（第二版）	贺　瑛　漆腊应	主编	19.00 元	2006.01 出版

国际结算（第三版）	苏宗祥　徐　捷	编著	23.00 元	2010.01 出版
国际结算操作	刘晶红	主编	25.00 元	2012.07 出版
国际贸易与金融函电	张海燕	主编	20.00 元	2008.11 出版
国际市场营销实务	王　婧	主编	28.00 元	2012.06 出版
报检实务	韩　斌	主编	28.00 元	2012.12 出版
国际航空货运代理实务(第二版)	戴小红	主编	43.00 元	2020.01 出版

如有任何意见或建议，欢迎致函编辑部：jiaocaiyibu@126.com。